Vegan

ISBN : 978-2-412-03886-4

Dépôt légal : septembre 2018

Imprimé en Slovénie

Photographies des pages 6, 8 à 17, 28 à 34, 38, 45, 54-55, 64 à 75, 94-95, 156-157 : © Catherine Delahaye

Photographies de la couverture, des recettes et des pages 26-27, 37, 48-49, 57, 61, 63, 112-113, 136-137, 170-171, 200-201, 212-213, 228-229, 253 : © Alice Esmeralda

Photographies des pages 18 à 25 : © Adobe Stock

Direction éditoriale : Marie-Anne Jost-Kotik

Direction artistique : Laure Faucon

Création graphique : Manon Bucciarelli

Édition : Christine Cameau & Iris Odier

Mise en page : Istria

Éditions First, un département d'Édi8

12, avenue d'Italie

75 013 PARIS – France

Tél. : 01 44 16 09 00

Fax : 01 44 16 09 01

e-mail : firstinfo@efirst.com

Site internet : www.lisez.com

Vegan

ALICE ESMERALDA

FIRST
ÉDITIONS

SOMMAIRE

VÉGANISME :

Un mode de vie qui cherche à exclure,
dans la mesure du possible et du réalisable,
toutes les formes d'exploitation et de cruauté
envers les animaux pour la nourriture,
l'habillement ou tout autre but.

(définition de la Vegan Society)

Avant de commencer…

Bonjour ! Pour ceux qui ne me connaissent pas, je tiens le blog et la chaîne YouTube *Alice Esmeralda*. Depuis 5 ans maintenant, je partage mes recettes, mes conseils en alimentation et mes coups de cœur beauté et bien-être sur la Toile. Mon but premier était de créer une bulle de détente et d'évasion pour mes abonnés, de leur faire partager un moment agréable avec mes vidéos, mais aussi de transmettre des valeurs, des messages inspirants, pour améliorer le quotidien de chacun.

Je suis vegan depuis plus de 2 ans, et rien ne laissait présager que je le devienne. J'ai pris mon temps pour faire ma transition, comprendre les tenants et les aboutissants de ce mode de vie complet, qui va bien au-delà d'un changement d'habitudes alimentaires, et aujourd'hui je ne pourrais pas revenir en arrière.

Avant de totalement me dédier à créer du contenu sur Internet, j'ai fait des études de biologie. C'est un domaine qui m'a toujours passionnée, en particulier la nutrition et la santé. C'est pourquoi j'ai terminé mes études avec un master biologie-santé-alimentation spécialisé en industrie agroalimentaire.

J'ai ensuite travaillé quelques années dans ce secteur en tant qu'ingénieur qualité, mais c'était finalement trop loin de ce qui me passionnait vraiment : informer les gens sur l'alimentation et les aider à améliorer leur santé. Combien de personnes souffrent de manque d'énergie, d'acné, de surpoids, de diabète, de mauvaise digestion ? La cause de ces maux peut aussi se trouver dans l'assiette ! Alors, alarmée par les statistiques sur la santé de la population ces dernières années, je ne pouvais que me sentir concernée et responsable de transmettre ce que j'avais appris pendant mes études.

Je me suis donc lancée sur les réseaux sociaux afin de partager mes recettes et mes astuces santé, et c'est comme ça qu'a commencé la plus fabuleuse de mes aventures !

Mon intérêt pour l'alimentation est allé bien au-delà de ce que j'avais imaginé : sans lui, je ne me serais peut-être jamais intéressée au véganisme. Cela a été le point de départ pour un changement radical de mode de vie, une nouvelle façon de voir et considérer le monde qui m'entoure.

POURQUOI CE LIVRE ?

Le véganisme soulève une tonne de questions, il bouleverse notre façon de penser, remet en cause nos habitudes de consommation les plus ancrées et notre éthique. Il nous inspire ou nous rebute, mais il ne nous laisse jamais indifférents.

Avec ce livre, j'avais envie de partager mon expérience sur ma transition, et surtout de donner un maximum d'informations et de conseils que j'ai mis plusieurs années à accumuler.

L'objectif de cet ouvrage est d'expliquer le véganisme, en quoi il est important, mais aussi de montrer que ce mode de vie est accessible à tous, et d'offrir des repères, des bases en alimentation, et des astuces pour le quotidien.

J'ai mis ici l'accent sur la nourriture, car elle rythme nos journées et, en devenant vegan, le changement qui se fait le plus sentir est bien celui que l'on opère dans l'assiette ! Passer à une alimentation végétale nécessite de changer totalement ses repères, c'est pourquoi j'ai réuni dans ce livre toutes les informations indispensables pour vous aider à faire une transition en douceur, mais aussi en toute sécurité, en respectant les besoins de votre corps. Afin d'éviter tout risque de carence, vous trouverez tout ce que vous avez besoin de savoir sur les protéines, les minéraux et vitamines et, bien sûr, les aliments végétaux qui seront vos meilleurs alliés.

Pour vous simplifier la tâche, je vous ai aussi concocté une compilation de toutes mes recettes végétaliennes préférées, que j'ai créées et peaufinées au cours de ces dernières années !

Du petit déjeuner au dessert en passant par les salades, bowls, plats principaux ou soupes, cet ouvrage propose en tout **80 recettes vegans délicieuses** que vous pouvez adapter ou mixer entre elles afin de ne jamais être à cours d'idées pour vos repas !

Enfin, si vous souhaitez vous lancer, je vous propose le **challenge 21 jours vegan** avec un plan alimentaire à suivre, des menus détaillés sur 3 semaines, et des astuces pour composer sainement vos assiettes.

Ce livre s'appuie sur mon expérience personnelle et sur mes études universitaires, vous trouverez aussi, en fin d'ouvrage, une bibliographie avec tous les documentaires, ouvrages, rapports et études qui m'ont aidée à la rédaction de ce livre et qui, j'en suis sûre, seront très enrichissants pour vous aussi si vous souhaitez approfondir certains sujets.

Canon

Devenir vegan

QU'EST-CE QUE LE VÉGANISME ?

La Vegan Society donne comme définition : « Un mode de vie qui cherche à exclure, dans la mesure du possible et du réalisable, toutes les formes d'exploitation et de cruauté envers les animaux pour la nourriture, l'habillement ou tout autre but. »

J'adore cette définition ! On entend souvent dire qu'être vegan, c'est « ne pas manger ceci, ne pas porter cela » et s'ensuit toute une liste de choses interdites. La définition de la Vegan Society, elle, rappelle bien le but premier : **ne pas cautionner l'exploitation et la cruauté envers les animaux.**

Contrairement à une liste d'interdits, cette définition met en avant les premières victimes d'un mode de consommation dit classique : les animaux. Il ne s'agit pas de savoir si l'on a le droit ou pas de consommer certains produits ou services, mais de réfléchir et questionner les pratiques qu'engendre leur fabrication et de décider si, oui ou non, elles sont en adéquation avec notre éthique et valent la peine d'être soutenues.

La deuxième raison pour laquelle j'aime beaucoup cette définition, c'est qu'elle rappelle que l'objectif n'est pas d'atteindre un idéal de perfection, mais d'avoir un mode de vie qui s'inscrit dans la réalité du quotidien.

Il est impossible, même pour le plus engagé des vegans, de certifier qu'on mène sa vie sans engendrer de souffrance animale. Alors, *no stress*, et on fait de son mieux, autant que faire se peut !

DÉCLIC OU LONG CHEMIN ?

Chaque expérience est unique et propre à chacun. Le fait que je devienne vegan a découlé d'un ensemble de choses qui forme un tout : mes expériences, mon vécu, ma sensibilité et toutes les connaissances, prises de conscience que j'ai eue.

Savoir ce qu'il se passe pour les animaux, ou l'impact de l'élevage sur l'environnement, n'est pas toujours suffisant pour avoir un déclic, encore faut-il que cela résonne en nous, avec notre sensibilité, nos valeurs, notre éducation. Et tout cela est un travail de connexions, de recherches, ainsi qu'une démarche active qui demande une certaine implication. C'est une déconstruction-reconstruction des schémas sociétaux inscrits en nous et cela prend du temps, peut-être pas pour tout le monde, mais pour la plupart d'entre nous.

Mon conseil ? Ne pas se préoccuper de ceux qui ont déjà fait leur chemin et qui estiment le vôtre trop long car, finalement, même si les premiers à en bénéficier positivement sont les animaux, être vegan reste une histoire de soi-même face à sa conscience.

POURQUOI CHOISIR LE MODE VEGAN ?

Pour votre santé

De nombreuses personnes (et j'en ai fait partie) pensent que la viande et les produits laitiers sont indispensables à une alimentation saine et que les supprimer serait inconscient et dangereux. Cependant, un régime 100 % végétal bien étudié contient tous les nutriments dont nous avons besoin. L'Association de diététique britannique et l'Académie américaine de nutrition et diététique ont reconnu qu'une alimentation végétalienne est possible et saine, même pour les femmes enceintes ou allaitantes.

Les études récentes en matière d'alimentation et nutrition ont aussi confirmé qu'un régime alimentaire à base de plantes entières, c'est-à-dire des aliments végétaux non transformés ou peu transformés, comme les légumes, les fruits, les céréales complètes, les légumineuses, les fruits à coques et les graines, constituait le régime le plus sain, pour éviter de nombreuses maladies.

Le cholestérol, les graisses saturées et les protéines animales, présents dans la viande, la volaille, les fruits de mer, les œufs et les produits laitiers, peuvent, en grandes quantités, être des facteurs de maladies. L'Organisation mondiale de la santé (OMS) classe d'ailleurs la viande transformée parmi les cancérogènes et la viande rouge parmi les cancérogènes probables. Consommer des produits animaux peut augmenter le risque de :

- cancers
- maladies cardiaques
- hypertension
- accidents vasculaires-cérébraux
- diabète
- obésité
- arthrite
- maladie d'Alzheimer

Les régimes à base de plantes bien organisés sont riches en protéines, en fer, en calcium et en autres vitamines et minéraux essentiels. Les végétaux ont en effet tendance à être pauvres en acides gras saturés, riches en fibres et en antioxydants.

Dans *L'Enquête Campbell* notamment, il a été démontré que ce type de régime réduisait significativement le risque de développer ces maladies, et qu'il était même possible d'inverser plusieurs d'entre elles. Une alimentation végétale peut également aider à prévenir et traiter l'acné, la constipation, l'asthme, un taux de cholestérol sanguin élevé, les calculs rénaux, et peut soutenir les personnes qui essaient de perdre du poids.

Pour l'environnement

Trier nos déchets, se déplacer à vélo plutôt qu'en voiture, prendre une douche plutôt qu'un bain, on connaît par cœur toutes ces recommandations pour réduire notre empreinte écologique. Pourtant, **la chose la plus efficace à faire est d'arrêter de consommer des produits animaux**, et en particulier de la viande !

L'agriculture liée à l'élevage a un impact environnemental négatif énorme : réchauffement climatique, déforestation, pollution des sols et de l'eau et extinction des espèces.

Selon un rapport de la FAO (Organisation des Nations unies pour l'alimentation et l'agriculture), les chiffres à ce sujet sont plus qu'alarmants : les activités humaines seraient responsables de 14,5 % des émissions mondiales de gaz à effet de serre (dont 9 % pour les bovins seuls). Le transport des aliments est responsable pour 45 % de ces émissions, 39 % proviennent de la fermentation gastrique des animaux, 10 % du stockage et de l'utilisation du lisier et 6 % du transport et de l'abattage des animaux.

Cependant, ces calculs sont remis en cause par d'autres études, comme celle de Robert Goodland et Jeff Anhang, auteurs de « Livestock and Climate Change » publié par le think tank World Watch Institute, qui considèrent que l'élevage est responsable de plus de 50 % de l'émission des gaz à effet de serre. L'agriculture est le principal secteur d'activité contributeur des émissions nationales de méthane (CH4) pour 72 %. Cela concerne en premier lieu la fermentation des aliments riches en cellulose au cours de la digestion des ruminants. Ce gaz est 25 fois plus puissant que le CO_2 en potentiel de réchauffement global (PRG). Mais il ne séjourne dans l'atmosphère qu'une douzaine d'années, contrairement au CO_2.

Si les émissions de méthane étaient réduites, on pourrait limiter, voire inverser, le réchauffement climatique.

Alors que 795 millions de personnes souffrent de la faim dans le monde (source : FAO 2015) l'agriculture animale représente :

- ⅓ de la consommation mondiale d'eau douce ;
- ½ de la consommation mondiale de céréales ;
- ⅓ de l'utilisation des terres cultivables.

La planète ne peut pas nourrir à la fois les populations humaines et les animaux d'élevage, en particulier quand il y aura entre 2 et 4 milliards de bouches de plus à nourrir d'ici 2050, comme on peut l'apprendre dans le documentaire *Cowspiracy* de Kip Andersen et Keegan Kuhn.

D'après un rapport du WWF-France, pour nourrir le bétail, la culture du soja compte parmi les premières causes de la déforestation. On estime ainsi que l'élevage bovin est responsable à 80 % de la destruction de la forêt amazonienne. L'importation de 5,4 millions de tonnes chaque année fait de la France l'un des plus grands importateurs européens de soja brésilien. 80 % du soja importé en France est destiné à nourrir les animaux dans les élevages.

Laissons le mot de la fin aux experts du GIEC (Groupement intergouvernemental sur l'évolution du climat) : « Les régimes comprenant une moindre part de produits animaux (viande, œufs, laitages) sont moins émetteurs de gaz à effet de serre et moins consommateurs de terres, et représentent une amélioration en termes de nutrition, par rapport aux régimes actuels. Moins les régimes contiennent de la viande, moins ils ont d'impacts environnementaux. Les régimes les moins émetteurs de gaz à effet de serre sont les régimes vegans. »

Pour les animaux

Bien sûr, il aurait été bien plus logique de placer cet argument en premier : ce sont les animaux qui souffrent le plus, et tous les jours, d'un système de consommation non vegan.

Mais lorsque l'on saisit l'impact positif du véganisme sur notre santé et sur la planète, on est aussi plus enclin à considérer autrui et l'injustice faite aux animaux.

Animaux* abbatus pour la viande en 2016

Dans le monde : 74 milliards par an
En France : 1 milliard par an
2,8 millions par jour ; 32 par seconde

* hors animaux marins
Source : FAO 2016.

Les conditions des animaux dans les élevages industriels sont généralement terribles, les privant de lumière, d'espace, de nourriture et d'eau. Tout est étudié et optimisé de façon à rentabiliser au maximum les coûts de production : la génétique, l'alimentation, le nombre d'animaux au mètre carré, la reproduction, l'âge d'abattage...

Les animaux d'élevage ne font partie d'aucun écosystème. Leur existence n'a rien de naturelle : ils sont nés par la main de l'homme (c'est le cas de le dire, via insémination artificielle et sélection génétique) et seront aussi tués par celle-ci. La seule raison pour laquelle ces animaux sont en vie est l'intérêt économique qu'ils représentent pour l'industrie agroalimentaire. Leur bien-être n'est considéré que s'il impacte la qualité finale, l'image ou le prix du produit.

Saviez-vous qu'en France, environ 80 % de l'élevage est intensif et/ou industriel ? De plus, même dans les exploitations avec de meilleures conditions, les animaux subissent malgré tout des procédures douloureuses, comme l'ablation de la queue, la castration, l'écornage et la coupe du bec, le tout sans anesthésie.

Vaches à viande et vaches à lait

Si l'on comprend bien pourquoi la viande pose un problème éthique, avec les produits laitiers, cela ne saute pas immédiatement aux yeux. Obtenir du lait d'un animal ne nécessite pas la mort directe de celui-ci, pourtant l'industrie laitière est bien plus cruelle que celle de la viande et fait de nombreuses victimes collatérales.

Comme pour tout mammifère, une vache ne produit du lait que si elle a eu un petit. Pour déclencher ce processus biologique naturel, les vaches laitières sont inséminées artificiellement. Cette opération est répétée tous les 12 mois de la courte existence d'une vache (environ 5 ans, au lieu d'une vingtaine d'années) afin de stimuler en continu la lactation. Pendant tout ce temps, même lorsqu'elles sont gestantes, elles sont traites deux fois par jour.

Après 5 ans, la quantité de lait produite diminue, la vache devient moins rentable et est donc envoyée

à l'abattoir pour sa viande. En France, selon l'institut FranceAgriMer en 2012, 40 % de la viande dite « de bœuf » provient en fait des vaches laitières.

Pendant toute leur vie, les vaches laitières sont poussées au maximum de leur capacité, bien souvent épuisées et souffrant de nombreux troubles liés à cette surexploitation : mammite (inflammation douloureuse des mamelles), boiteries...

Les veaux qui naissent sont retirés de leur mère dans les 24 heures qui suivent la naissance, pour éviter qu'ils boivent tout leur lait. Pourtant, les vaches le produisent pour leur petit, mais c'est à l'industrie laitière et au consommateur que cela revient.

Passée une dizaine de semaines, les veaux mâles sont envoyés à l'abattoir car inutiles à la filière laitière. Quant aux femelles, elles subissent le même sort que leur mère et sont inséminées artificiellement à partir de leurs 2 ans.

Alors que les vaches à viande ne sont élevées que pour leur viande, les vaches laitières sont à la fois exploitées durant toute leur vie pour leur lait, mais aussi pour leur viande, une fois qu'elles sont réformées, toujours par souci de rentabilité.

L'équilibre des océans menacé

Les poissons et les fruits de mer sont aussi des animaux, et même s'il nous est plus difficile de nous identifier à eux ou d'éprouver de l'empathie à leur égard, la pêche, qu'elle soit industrielle, artisanale ou d'élevage, entraîne une mort lente et douloureuse par suffocation. On peut imaginer que c'est loin d'être un moment agréable pour ces animaux !

De plus, parmi les problèmes que pose la pêche industrielle, pour 1 kg de poissons péchés, 5 kg d'autres espèces non désirées sont tuées, prises au piège dans les filets. Cela peut être d'autres poissons, parfois trop jeunes, ou des tortues, dauphins, oiseaux, et souvent des espèces en voie de disparition...

D'après le rapport de 2016 de la FAO, 31 % des stocks de poissons sont surexploités dans le monde, ce qui signifie que ces espèces sont prélevées plus rapidement qu'elles peuvent se reproduire. Et cela dérègle l'équilibre des océans.

Des poules pondeuses en cage

Comme pour l'industrie laitière, il est difficile d'imaginer la souffrance qui se cache derrière l'élevage des poules pondeuses. Pourtant, de la même façon, il s'agit d'une exploitation abusive des fonctions biologiques de ces animaux, ensuite envoyés à l'abattoir lorsqu'elles ont 2 ans et que leur production d'œufs diminue (en moyenne 1 œuf par 24 heures).

Avant cela, les poules peuvent être élevées en cage. C'est le cas en France de 70 % des poules pondeuses, au sol ou en plein air, mais pour « plein air » il faut comprendre « grand bâtiment avec un accès à l'extérieur », qu'elles privilégient rarement car les poules sont des animaux craintifs, et celles d'élevage sont sélectionnées pour leur instinct grégaire. Cela permet aussi qu'elles supportent mieux le fait d'être nombreuses et d'éviter qu'elles soient trop agressives entre elles. Mais la promiscuité en élevage est telle qu'il leur est impossible de gérer des relations correctement.

Même en bio ou en plein air, la densité reste élevée : 6 à 9 poules au mètre carré. En gros, imaginez une vingtaine de poules sur un canapé.

Le fait que les poules soient si nombreuses engendre deux problèmes majeurs :

- Le **picage :** les poules arrachent les plumes de leurs congénères, dont le corps se trouve alors partiellement dégarni, ce qui leur donne froid et les fait davantage manger.
- Le **cannibalisme :** le comportement des poules dégénère à la vue du sang induit par le picage ou par la ponte, ce qui conduit à une forte mortalité dans les élevages.

L'outil préventif le plus courant est l'épointage : on coupe la pointe du bec chez le poussin. Il s'agit d'une intervention douloureuse, dans un tissu qui est sensible et qui comporte un organe tactile.

Outre les conditions d'élevage, la deuxième chose qui pose un problème éthique dans l'industrie des œufs est l'élimination des poussins mâles à leur naissance. Les poules pondeuses sont « fabriquées » dans des couvoirs, une partie de la filière totalement dédiée à la reproduction de ces animaux et qui fournit ensuite les éleveurs. Il est impossible d'influer sur le sexe des poussins avant l'éclosion, aussi sépare-t-on les mâles des femelles dès leur premier jour. Les femelles sont livrées aux exploitations de poules pondeuses alors que les mâles finissent immédiatement broyés ou étouffés, jetés dans des bennes. Les races de poules pondeuses étant sélectionnées pour leur bonne productivité en œufs et non pour la qualité de leur chair, les mâles sont donc considérés comme inutiles.

Les abeilles en danger

Le miel est la seule réserve de nourriture des abeilles : il est indispensable à leur survie, en particulier pendant l'hiver. Le miel est riche en sucre, vitamines, minéraux, enzymes et antibiotiques : un vrai cocktail nutritif. Malheureusement, dans les ruches, celui-ci est substitué par du sirop de glucose-fructose, produit raffiné dépourvu de vitamines et minéraux, pour nourrir les abeilles... On leur vole leur miel, pour le remplacer par quelque chose de beaucoup moins qualitatif, ce qui a tendance à affaiblir les abeilles et à les rendre plus sensibles aux maladies.

Ensuite, certaines méthodes utilisées dans l'apiculture peuvent mettre à mal le bien-être des abeilles comme :

- L'**enfumage**, qui consiste à chasser les abeilles de la ruche pour récupérer, le miel, mais aussi la propolis et la gelée royale. Cette technique peut intoxiquer les abeilles ou les faire tomber paralysées au sol.
- Le **clippage**, qui consiste à couper les ailes de la reine pour s'assurer qu'elle restera bien dans la ruche.
- La **destruction** des ruches les moins rentables en hiver afin de ne pas avoir à les nourrir pendant cette période non productive.

Abattage annoncé

Indépendamment de la façon dont les animaux sont traités pendant leur vie et indépendamment de leur filière (viande, produits laitiers, cuir, œufs, laine...), tous seront abattus au début de leur vie, voire en bas âge, pour éviter une baisse de productivité et une exploitation moins rentable.

Considérant que les produits animaux ne sont pas nécessaires à la santé humaine, cette cruauté envers eux est tout simplement inutile et injustifiée à mon sens. Ne pas consommer de produits animaux est le moyen le plus simple pour sauver des vies animales. Plus la demande pour ces produits diminuera, moins on en produira, et moins d'animaux auront à subir les mauvais traitements quotidiens qui leur sont infligés.

Nous sommes habitués à éprouver de l'empathie pour les animaux de compagnie mais pas pour ceux d'élevage. Pourtant, ces derniers sont dotés d'une grande sensibilité, les vaches et cochons qui, tout comme nous, sont des mammifères, tissent entre eux et avec les hommes des liens sociaux et d'affection. Les poulets aussi ont un instinct grégaire et ils prennent comme parents les premiers êtres qu'ils voient, même s'il s'agit d'un humain.

S'il existe une différence entre les animaux et les hommes, on ne peut utiliser cette différence comme un argument pour les exploiter et les tuer.

	Âge d'abattage	*Espérance de vie*
Vache laitière	5 ans	18-22 ans
Vache à viande	2 ans	18-22 ans
Veau	3 à 5 mois	18-22 ans
Porc	6 mois	10-15 ans
Poulet de chair	1 mois ½	10-12 ans
Poule pondeuse	2 ans	10-12 ans
Dinde	1 an	8-10 ans

Source : https ://www.viande.info/elevage-viande-animaux, un site de L214.

COMMENT JE SUIS DEVENUE VEGAN

Bien sûr, je ne suis pas devenue vegan du jour au lendemain ! Changer de mode alimentaire, et même totalement de mode de vie, demande du temps et une vraie réflexion. Ce n'est pas tant « être vegan » qui est compliqué, les arguments pour le véganisme, tout le monde s'accorde plutôt là-dessus. Ce qui est dur, c'est le chemin pour le devenir, accepter d'opérer des changements profonds dans ses habitudes et se mettre en accord avec ses convictions.

Et autant vous dire que je ne partais pas du tout avec les bonnes cartes : je n'étais pas spécialement ce qu'on peut appeler « une amoureuse des animaux ». Même si je me laisse facilement attendrir par une petite boule de poils, je ne suis pas très à l'aise en leur compagnie, j'en ai même un peu peur...

En plus de ça, j'ai orienté mes études vers un cursus dans l'agroalimentaire, et plus spécifiquement dans les « productions animales ». Quelle ironie, je sais !

Les techniques d'optimisation d'élevage, de reproduction, d'abattage, de transformations et les normes d'hygiène et sécurité alimentaire, je connais... Les visites et audits d'élevages de toutes sortes, d'abattoirs et d'usines faisaient aussi partie de ma formation.

On pourrait croire que voir tout ça de l'intérieur m'aurait vaccinée à jamais pour consommer des produits animaux, mais pas du tout. Même en étant face à ces animaux à tous les stades de leur vie et à leur mort, à l'époque, l'idée qu'on abusait d'eux ne m'effleurait pas vraiment l'esprit. Et si c'était le cas, j'étais vite arrachée à mes débats intérieurs en me disant que c'était comme ça et qu'on ne pouvait pas

faire autrement. Je croyais que les produits animaux étaient essentiels à notre santé.

Pour résumer, la cause animale et le véganisme m'étaient totalement inconnus !

L'arrêt des produits laitiers

Heureusement (ou pas, d'ailleurs...), j'ai eu de l'acné, même après 20 ans, et cela m'a poussée à chercher des solutions ailleurs que dans les produits cosmétiques, qui n'avaient jusqu'alors eu aucun effet sur moi. C'est ainsi que j'ai commencé à modifier mon alimentation, en supprimant d'abord les produits laitiers. J'avais vu beaucoup de témoignages sur YouTube de personnes les ayant arrêtés et ayant retrouvé une jolie peau. Je me suis lancée à mon tour (attention cependant, les causes peuvent être multiples...).

Je n'étais pas une grande mangeuse de viande, et encore moins de poisson (oh que non !), par contre j'étais complètement accro aux produits laitiers. Je ne pouvais pas démarrer une journée sans un bol de lait, ni terminer un repas sans un yaourt. Me résoudre à ne plus en consommer pour éradiquer mon acné a été compliqué, mais j'y suis allée à mon rythme et, finalement, j'ai trouvé beaucoup d'alternatives tout aussi bonnes (je les partage dans la partie « Alternatives aux produits laitiers »). Et ma peau s'est transformée en à peine un mois. Bye bye boutons, hello jolie peau !

Un problème d'éthique, d'écologie et de santé

Cette période-là fut vraiment charnière. J'ai eu une énorme prise de conscience par rapport au contenu de mon assiette, mais d'un autre côté, j'étais dans un certain déni. Mon problème d'acné étant réglé, je ne voyais pas l'intérêt d'en faire plus. À côté de ça, avec

les études que je suivais au même moment, il m'était difficile d'accepter que l'industrie de l'élevage dans son ensemble posait des problèmes d'éthique, d'écologie et de santé.

Je suis alors entrée dans un conflit avec moi-même et ma future carrière. Pour me déculpabiliser, j'ai entamé de sérieuses recherches dans l'espoir de contrer les arguments du véganisme face auxquels je m'étais heurtée en faisant mes recherches sur l'acné.

En creusant un peu, j'ai dû me rendre à l'évidence : je manquais cruellement d'informations sur ce que je voulais défendre (l'élevage et les produits animaux), tandis que le véganisme avait de meilleurs arguments, bien documentés : des centaines de rapports, d'études scientifiques indépendantes, de livres et documentaires sur le sujet...

Le plus dur n'est pas d'être vegan mais de le devenir.

Une lente transition

J'ai passé deux bonnes années à faire ma transition, à me renseigner et assimiler tout un tas de nouvelles informations. Ce sont les documentaires qui m'ont le plus marquée, en particulier *Cowspiracy*, *Earthlings*, et *Blackfish* (vous trouverez la liste complète de mes documentaires préférés en fin d'ouvrage). Et pendant cette période, j'ai peu à peu modifié mes habitudes pour qu'elles correspondent à mes nouvelles valeurs : chez moi, je ne mangeais que vegan, et j'ai fait le grand tri dans mes produits de maquillage et de salle de bains.

Pour mes repas, je trouvais l'inspiration sur YouTube. À l'époque, c'était surtout les chaînes anglo-saxonnes qui proposaient des recettes vegans.

Mes préférées étaient :

- Fablunch
- Jenny Mustard
- Tess Begg
- Plant based judy
- Hot for food

C'est aussi à cette période que j'ai commencé à alimenter ma propre chaîne avec des recettes veggies, j'étais super enthousiaste à l'idée de partager ce nouveau mode de vie avec ma communauté !

Néanmoins, tout n'était pas parfait ni cohérent, je ne me revendiquais pas « vegan » parce que je cédais encore aux produits animaux, par confort, aux repas de famille ou en soirée entre amis... Je travaillais aussi à l'époque pour une entreprise qui utilisait des produits laitiers...

Pas toujours évident d'être vegan dans un monde qui ne l'est pas...

Et même si j'étais totalement convaincue des bienfaits du véganisme, j'avais encore quelques petites résistances et questions en suspend. J'essayais de pointer les limites de cette idéologie : jusqu'où boycotter les produits animaux a un sens ? Et les poules de jardin ? Est-ce vegan de tuer les moustiques ? Etc. Ce n'était pas forcément des questions très profondes, je vous l'accorde, mais ça nous rassure sûrement de voir qu'il n'y a pas que des réponses parfaites. Néanmoins, le manque de réponses claires ne veut pas dire qu'un mode de vie est à rejeter en bloc.

Le déclic

C'est finalement quelque chose d'assez extérieur à la cause vegan qui a été mon déclic. Quoique, en y réfléchissant aujourd'hui... peut-être pas si extérieur que ça. Comme je vous l'ai dit, mon métier d'origine est ingénieur qualité, et je l'ai exercé dans plusieurs usines agroalimentaires. La dernière en date m'a particulièrement marquée par son environnement social assez toxique. Bon, c'est vrai, le fait de toucher un salaire grâce à une industrie qui utilise du beurre comme matière première me posait quelques problèmes d'éthique, mais c'était un CDD que j'avais trouvé, en attendant mieux.

Ce qui m'a particulièrement choquée, ce sont les conditions de travail des opérateurs sur les lignes de production, qui travaillaient en 5/8. J'étais également scandalisée par la façon dont la hiérarchie considérait et traitait ses employés. Bref, j'étais face à beaucoup de violence verbale et morale et, après avoir passé deux ans à m'« éduquer » sur le véganisme, j'étais beaucoup plus sensible à ce que je considérais alors comme des injustices... Évidemment, je ne savais pas vraiment de quelle manière je pouvais agir, mais devenir vegan m'a semblé la meilleure option, et même le minimum à faire pour enfin incarner le fait d'être contre les injustices, qu'elles soient faites aux animaux ou aux hommes.

En devenant vegan, j'étais enfin en accord avec mes valeurs.

C'est ainsi que j'ai annoncé que j'étais vegan sur mon compte Instagram, le 1er mai 2016, le jour de la fête du Travail : je ne pouvais pas rêver mieux comme symbolique ! J'ai bien conscience que ça ne réglait en rien les problèmes auxquels j'assistais, mais ça a en quelque sorte apaisé ma révolte. Ça m'a aussi libérée de tous les petits débats que je faisais sans cesse dans ma tête pour trouver des failles au véganisme. Depuis longtemps, je savais que je finirais par être vegan mais c'est grâce à cette expérience que j'ai compris ce qui comptait réellement pour moi.

Aujourd'hui, avec ma chaîne YouTube, j'ai une audience, une vraie opportunité pour faire bouger les choses.

QUELQUES QUESTIONS QUE L'ON ME POSE SOUVENT...

Est-ce qu'une alimentation vegan coûte plus cher ?

En théorie non ! La viande et le fromage, par exemple, sont les produits avec les prix les plus élevés au kilo alors que les céréales et les légumineuses sont très bon marché.

Le piège vient des produits industriels, comme les alternatives végétales aux glaces, laits, yaourts, steaks... qui peuvent être légèrement plus chers. Mais en privilégiant les ingrédients bruts, non transformés, on s'y retrouve largement, et en plus c'est healthy !

Manger vegan implique-t-il de passer beaucoup de temps en cuisine ?

Si vous aviez l'habitude de consommer des plats déjà tout prêts, cela risque de vous prendre un peu plus de temps, parce qu'à l'heure actuelle, bien qu'en plein essor, ces produits en version vegan restent rares.

Au début d'une transition, on passe beaucoup de temps à découvrir de nouvelles recettes, vous allez finir par trouver celles qui vous conviennent, et vous créer une nouvelle routine ! À force de les faire et de les refaire, vous les connaîtrez par cœur et elles seront de moins en moins longues à préparer.

Vous pouvez aussi faire du « meal prep », c'est-à-dire préparer en grande quantité vos repas et les congeler pour plus tard. Ultra pratique quand on a un emploi du temps chargé !

Est-ce qu'un régime végétalien aide à perdre du poids ?

Tout dépend de ce que vous choisissez de mettre au menu. Par exemple, les frites sont vegans, mais en manger tous les jours ne sera pas forcément bénéfique pour une perte de poids... Cela dépend aussi de votre dépense quotidienne, de votre activité sportive, etc. Toutefois, il a été reconnu qu'une alimentation riche en produits végétaux bruts, non transformés, tels que les céréales, légumineuses, oléagineux, fruits et légumes, constituait le régime alimentaire le plus sain qui soit. Privilégier ces aliments ne peut avoir qu'un impact positif sur votre santé et peut aider à perdre quelques kilos.

Le mieux est de limiter les aliments transformés, trop riches en sucres et en gras, que nous avons tendance à consommer en quantités trop importantes à cause de leur côté addictif.

Comment gérer les remarques de mon entourage ?

Quand on annonce son souhait de tendre vers le véganisme, les réactions de notre entourage ou même d'inconnus ne sont pas toujours positives et peuvent même être très désagréables.

Croyez-moi, j'ai essuyé quelques déconvenues aussi ! Les débats houleux qui dérapent, ça nous arrive à tous. Tout d'abord, il faut être indulgent et patient avec soi-même : on n'est pas armé de la même façon pour débattre au début de sa transition comme après 10 ans de véganisme. Même si l'on sait pourquoi on est ou on veut être vegan, ressortir les bons arguments, bien formulés, bien documentés n'est pas toujours évident, surtout si l'on est pris au dépourvu et que l'on se sent attaqué. L'émotionnel a vite tendance à l'emporter.

Pour ma part, les choses sont toujours mieux passées quand je restais calme dans mes explications et prenais soin de ne pas froisser la personne en face. En revanche, je clos tout simplement la discussion face à une personne fermée. Ce genre de situation peut être très frustrante, car la cause nous tient à cœur et qu'il est très facile de s'emporter face à des gens qui restent insensibles. Malgré tout, sachez qu'avec le temps, ce que vous avez expliqué fera son bout de chemin dans l'esprit de votre entourage et il sera plus aisé de discuter les fois suivantes.

Comment gérer les sorties au restaurant ?

Le site Happy Cow répertorie les restaurants qui proposent des plats vegans et végétariens en fonction de la ville où vous vous trouvez. L'application Tripadvisor permet aussi de sélectionner ce type de restaurant.

Ma solution préférée, et qui arrange toujours le plus de monde, est d'aller dans une pizzeria, je choisis une végétarienne et demande qu'elle soit sans fromage. En général, il n'y a ni œuf ni lait dans la pâte, mais vous pouvez toujours poser la question.

Les restaurants indiens, vietnamiens, thaïs et libanais sont aussi mes préférés, il y a toujours des options sans viande et ces cuisines utilisent rarement des produits laitiers.

Comment gérer les invitations chez les amis ?

Si votre hôte n'a rien prévu pour vous, vous pouvez proposer d'apporter quelque chose. Prévoyez-en plus : en général, les autres convives adorent goûter et découvrir de nouvelles saveurs et vous risquez de vous retrouver dépouillé ! Alors, oui, cela demande un peu de préparation et d'implication et il n'est pas toujours évident d'improviser s'il s'agit d'une invitation de dernière minute, mais si vous êtes en manque d'inspiration, checkez les recettes que je vous propose ici pour l'apéritif et le dessert.

J'ai « triché », est-ce grave ? (La question qui fâche)

Si vous me demandez à moi si je trouve ça grave que *vous* ayez fait un écart, la réponse est non. Soyons réalistes, ce qui a un réel impact, c'est notre façon *globale* de consommer. Les écarts, à condition qu'ils restent anecdotiques, pèsent peu dans la balance. Si l'industrie des produits animaux devait compter sur les personnes qui adoptent le véganisme mais qui font une entorse, elle ne ferait pas long feu, la demande serait insuffisante.

Malgré cela, la culpabilité peut être très forte, on peut vivre ça comme une trahison envers nous-même, notre engagement et les animaux. La réaction de

la communauté vegan sur le fait de consommer à nouveau des produits animaux peut être très virulente aussi.

Il arrive aussi de consommer des produits animaux par erreur, en ayant mal lu la composition d'un plat, ou alors si cette dernière a changé sans que cela soit spécifiquement indiqué – cela m'est arrivé de nombreuses fois. Ça nous arrive à tous, de faire des erreurs, on ne peut pas passer son temps à être vigilant...

L'important reste d'envisager ses actions dans leur globalité et d'être en accord avec soi-même, personne n'est parfait, irréprochable ou infaillible, cela ne remet pas en question le fait que vous soyez vegan.

Point nutrition et risque de carences

Aussi altruiste que la démarche puisse être, il faut bien commencer par prendre soin de soi si l'on veut prendre soin des autres et pouvoir mener à bien son projet avec toute l'énergie que cela demande !

Passer d'omnivore à végétalien chamboule tous nos repères nutritionnels et il est tout à fait légitime de se demander comment éviter les carences en ayant une alimentation végétalienne.

À PROPOS DES PROTÉINES

Les vegans n'ont-ils pas des carences en protéines ? C'est la question la plus fréquente.

L'idée que seuls les produits d'origine animale possèdent des protéines a tellement été véhiculée qu'on est en droit de se demander si nous n'allons pas en manquer en se tournant vers une alimentation végétalienne. Bien heureusement, ce n'est pas le cas, il est même très difficile d'en manquer !

Qu'est-ce que les protéines ?

Les protéines représentent l'une des 3 familles de macronutriments indispensables, avec les glucides (sucres) et les lipides (graisses).

Elles jouent un grand rôle de « construction » dans notre corps. Elles participent au renouvellement quotidien de la peau, des ongles, des cheveux et des muscles. Elles ont aussi un rôle essentiel dans notre système de défense immunitaire et elles agissent par l'intermédiaire d'enzymes dans de nombreuses fonctions biologiques.

On peut imaginer une protéine comme étant un collier de perles de couleur, chaque perle représentant un acide aminé protéinogène. Il en existe 22 en tout, et 8 sont dits « essentiels », c'est-à-dire que l'homme ne peut les synthétiser lui-même et doit les trouver dans l'alimentation. Si un acide aminé essentiel manque, notre corps n'arrive pas à synthétiser correctement toutes les protéines dont il a besoin, un peu comme s'il manquait une perle pour faire le collier.

Certes, les protéines animales ont un profil complet et équilibré en acides aminés, mais **tous les aliments végétaux que nous trouvons dans la nature, sans exception, contiennent des protéines avec tous ces acides aminés**. Simplement, en fonction de leur groupe (céréales, légumineuse, fruits, légumes...), ils possèdent un pourcentage plus ou moins important en protéines, avec un profil différent en acides aminés. C'est donc en connaissant un peu mieux les aliments et leur profil nutritionnel que l'on peut équilibrer son assiette.

Association céréales & légumineuses

On a longtemps entendu dire que, pour bénéficier de tous les acides aminés essentiels, il fallait associer une céréale à une légumineuse.

En effet, les céréales sont riches en méthionine mais pauvres en lysine (deux acides aminés essentiels) et les légumineuses sont, quant à elles, riches en lysine mais pauvres en méthionine. Seuls le soja, le quinoa, le lupin et l'amarante font exception à cette règle et contiennent tous les acides aminés essentiels en quantité suffisante.

Cela n'est pas faux de chercher l'association, mais elle n'a pas besoin d'être strictement respectée à chaque repas, puisque ces deux groupes d'aliments possèdent quand même tous les acides aminés.

L'équilibre se fera plutôt sur la journée, voire sur la semaine.

Manger varié est la clé pour répondre à nos besoins en acides aminés essentiels. Les céréales font déjà partie d'une alimentation omnivore classique, alors finalement, il n'y a qu'à se dire qu'on remplace sa portion de viande par une portion de légumineuses !

Quels sont nos besoins en protéines ?

L'OMS recommande que les protéines couvrent entre 10 à 15 % de la ration calorique journalière.

Une autre façon, plus simple : notre poids correspond à nos besoins en protéines en grammes. Une personne de 70 kg aura besoin d'environ 70 g de protéines par jour. En effet, on recommande entre 0,8 et 2 g de protéines par jour par kilo de poids corporel, en fonction de notre activité sportive et de notre âge.

Céréales	*Légumineuses*
Riches en méthionine	Riches en lysine
Pauvres en lysine	Pauvres en méthionine
Blé (en grains, farine, semoule, pâtes, seitan, pain...), riz, maïs, avoine, seigle, orge, épeautre, millet, teff, sorgho, fonio, triticale...	Lentilles, pois chiches, pois cassés, haricots blancs/rouges noirs, flageolets, fèves, soja (tempeh, miso, tofu...), edamame...

Les teneurs en protéines des principales catégories d'aliments

Catégories	Protéines (pour 100 g)	Caractéristiques
Viande	20 à 25 g	Riche en cholestérol et acides gras saturés. Ne contient pas de fibres alimentaires.
Fruits et légumes	0,5 à 3 g	Pauvres en protéines.
Légumineuses cuites (haricots rouges, noirs, lentilles vertes, pois chiches...)	7 à 9 g	Limitantes (mais pas déficientes) en méthionine. Riches en lysine.
Graines et oléagineux (cacahuètes, fruits à coque, graines de lin...)	18 à 30 g	Très concentrés en protéines, minéraux et vitamines, mais aussi très riches en lipides.
Céréales cuites (pâtes complètes, quinoa, riz basmati, avoine...)	5 à 13 g	Riches en méthionine. Limitantes (mais pas déficientes) en lysine.
Tofu nature	13 g	Profil complet en acides aminés.
Alternatives aux produits laitiers à base de soja (lait végétal, yaourt végétal...)	3 g	
Seitan	30 g	Contient du gluten

Pour ma part, le plus gros de mes apports en protéines vient des céréales, que je mange à chaque repas. Je complète avec au moins 1 portion de légumineuses et/ou 1 produit à base de soja par jour. Plusieurs fois par semaine je prends aussi l'équivalent de 30 g d'oléagineux dans la journée, sous forme de beurre de cacahuètes, faux parmesan (recette p. 214), ou graines dans mes smoothies.

LE SOJA EST-IL UNE ALTERNATIVE DANGEREUSE ?

Le soja étant une bonne source de protéines (avec un profil complet en acides aminés, comme la viande) et un produit bon marché, il est très souvent recommandé comme alternative aux produits animaux.

Cependant, nombreuses sont les personnes à être réticentes à l'idée d'en consommer quotidiennement.

Mes aliments préférés riches en protéines

Aliments	Teneur en protéines (pour 100 g)
Seitan	75 g
Graines de chanvre	44 g
Beurre de cacahuètes	22 g
Lentilles corail (sèches)	19 g
Pâtes au blé complet	14 g
Flocons d'avoine	13 g
Tofu	13 g
Épinards (cuits)	4 g
Yaourt au soja	4 g

En effet, le soja est accusé d'être un perturbateur endocrinien, et à l'origine de cancers à cause de sa teneur en isoflavones, autrement appelés « phytœstrogène ».

J'ai donc fait mes petites recherches pour en savoir plus. En réalité, ce genre de croyances est véhiculé, la plupart du temps, par des chercheurs liés aux industries de la viande ou des produits laitiers, mais ne repose sur aucune étude scientifique. En revanche, il en existe des milliers sur le soja, et aucune n'a démontré une corrélation entre consommation de soja et effets négatifs sur la santé, bien au contraire.

La confusion viendrait du mot « phytœstrogène » qui laisse penser que cette molécule pourrait entrer en compétition avec nos propres hormones œstrogènes via nos récepteurs cellulaires, et perturber leur équilibre. Si les œstrogènes d'origine animale et les phytœstrogènes sont relativement proches au niveau de leurs structures, notre corps fait parfaitement la différence entre les deux.

L'intérêt du soja

Les isoflavones du soja ne perturbent pas négativement notre équilibre hormonal, ils auraient même plutôt un rôle bénéfique :

- ils empêchent la puberté précoce,
- ils participent à l'activation des gènes anti-cancer hormonodépendant,
- ils diminuent le risque du cancer du sein,
- ils atténuent les symptômes de la ménopause.

Au-delà de l'équilibre hormonal, une consommation régulière de soja réduit aussi le risque de maladies cardio-vasculaires, de diabète et d'obésité, abaisse le taux de lipides sanguins et diminue le risque de cancer du côlon, de la prostate, des testicules et de l'estomac.

Une étude a démontré qu'une forte consommation d'isoflavones pouvait cependant avoir comme effet la diminution du taux de testostérone chez les hommes. La dose critique correspondait à 1 636 mg d'isoflavones par jour, soit l'équivalent de 13 litres de lait de soja ! Dans les pays les plus consommateurs de soja, la dose moyenne d'isoflavones ingérée correspond à 65 mg, ce qui est bien loin du seuil critique.

Le soja que l'on trouve en France dans nos rayons est souvent de production européenne, et même française et n'est pas OGM, contrairement au soja destiné à l'alimentation animale venant généralement du Brésil ou d'Argentine.

Il n'y a aucune raison d'éviter le soja, vous pouvez en consommer en toute sérénité dans le cadre d'une alimentation équilibrée et variée, sauf bien sûr si vous y êtes allergique, ou bien que vous avez des soucis d'hypothyroïdie.

L'IODE

L'iode est un oligoélément fondamental pour le fonctionnement de la thyroïde, c'est sa matière première. Si ce micronutriment est absent de notre alimentation, nous ne pouvons plus fabriquer les hormones thyroïdiennes, or elles tiennent une place très importante dans notre organisme puisqu'elles régissent, entre autres :

- notre énergie au cours de la journée,
- notre sommeil,
- notre température corporelle,
- notre rythme cardiaque.

Dans une alimentation omnivore, les sources d'iode ne manquent pas : produits de la mer, produits laitiers et œufs en contiennent de bonnes doses. En revanche, les végétaux apportent peu d'iode et les mises en garde contre une éventuelle carence sont rares lorsque l'on adopte une alimentation végétalienne (le focus étant sur les fameuses protéines). Il est donc possible d'en manquer et c'est d'ailleurs ce qui m'est arrivé. Aujourd'hui, tout est entré dans l'ordre, le tout est de savoir vers quoi se tourner !

Les besoins en iode sont estimés **entre 100 et 150 µg (microgrammes) par jour** en fonction de l'âge et du pouvoir d'absorption de l'intestin. Les femmes enceintes ou allaitantes ont besoin, quotidiennement, de 220 à 290 µg d'iode.

Le sel de table enrichi en iode

La plupart des sels du commerce sont enrichis en iode. Ils sont parfois boudés, au profit de sels plus exotiques comme le sel rose de l'Himalaya réputé plus pur, non raffiné, et donc, prétend-on, bien meilleur pour la santé. Mais aussi attrayant soit-il, ce sel est dépourvu d'iode.

Si j'ai eu une carence, c'est parce qu'en étant végétalienne, j'ai troqué mon sel de table iodé contre le sel d'Himalaya. Les symptômes d'une carence sont très vite apparus : je n'ai jamais été aussi fatiguée et essoufflée, et mes analyses sanguines ont indiqué une hypothyroïdie, soit une baisse de mon taux d'hormones thyroïdiennes. À la reprise de mon sel iodé, les symptômes ont disparu et les résultats d'analyse sont revenus à la normale.

Recommandations de consommation de sel et teneur en iode

	Dose de sel iodé (g/jour)	Teneur en iode (µg)
Consommation moyenne de sel en France	10	200
Apport maximal recommandé	5	100
Besoin en sel	2	40

Les algues

Le kelp, la dulse, le wakamé et le nori, entre autres, sont toutes des algues très riches en iode. La plus facile à trouver est l'algue nori, elle sert à la fabrication des makis et sushis et est vendue sous forme de feuilles carrées. Vous pouvez, par exemple, découper la feuille en petits morceaux et en parsemer vos salades ou autres plats, cela ajoutera cette saveur typique de la mer.

Si vous ne consommez jamais d'algue et que vous avez une faible consommation de sel iodé, vous pouvez aussi vous tourner vers un complément alimentaire.

Aliments d'origine végétale et teneur en iode

Aliment	Teneur en iode (µg/100 g)
Algue wakamé séchée	12 000 à 31 200
Algue dulse séchée	6 700 à 11 230
Algue nori séchée	1 400 à 20 600
Ail frais	90
Semoule de maïs, sèche	80
Ananas, frais	30
Haricots blancs ou noirs, secs	25
Groseille verte	20
Haricots pinto, secs	12
Pruneau	10
Pâtes au blé complet, sèches	10
Mûre, fraîche	10

LE FER

Le fer est un micronutriment, présent dans l'hémoglobine des globules rouges qui transportent l'oxygène vers toutes les cellules de notre corps. Il est aussi essentiel à la production de l'adénosine triphosphate (ATP), source première de l'énergie corporelle. Il participe à plusieurs autres processus physiologiques vitaux, comme la synthèse de neurotransmetteurs.

Quels sont les symptômes d'une carence en fer ?

La carence en fer est l'une des plus répandues dans le monde et touche majoritairement les femmes, puisque nos besoins sont deux fois supérieurs à ceux des hommes, et cela en raison de nos menstruations (oui, c'est presque une double peine...).

L'apport en fer est donc à surveiller lorsque l'on est une femme, mais encore plus lorsque l'on mange végétalien, car les symptômes d'une carence en fer sont nombreux et dangereux :

- anémie,
- fatigue,
- chute de cheveux,
- défenses immunitaires amoindries,
- troubles de la régulation thermique,
- intolérance à l'effort,
- difficultés de respiration,

Nos besoins journaliers en fer

Âge	Femmes	Hommes
de 7 à 12 mois	11 mg	11 mg
de 1 à 3 ans	7 mg	7 mg
de 4 à 8 ans	10 mg	10 mg
de 9 à 13 ans	8 mg	8 mg
de 14 à 18 ans	15 mg	11 mg
de 19 à 50 ans	18 mg	8 mg
plus de 51 ans	8 mg	8 mg
femmes enceintes	27 mg	-

- palpitations,
- maux de tête,
- pâleur de la peau et des muqueuses,
- œdèmes au bas des jambes.

Où trouve-t-on le fer ?

Dans les aliments, le fer existe sous deux formes : héminique et non héminique. Les produits carnés et le poisson renferment du fer à la fois héminique et non héminique. Les végétaux, les œufs et les produits laitiers renferment uniquement du fer non héminique.

Qu'il se présente sous forme héminique ou non héminique, c'est au niveau du duodénum, partie de l'intestin grêle la plus acide, que le fer est absorbé. En revanche, leur taux et leur mode d'absorption sont différents : 25 % pour le fer héminique, seulement 5 % pour le fer non héminique. Sous cette forme, le fer doit donc être réduit par une enzyme appelée la ferriréductase et cette réaction nécessite l'oxydation de la vitamine C.

La prise alimentaire de fer d'origine végétale et de vitamine C doit être simultanée pour que l'absorption du fer non héminique soit efficace, donc on combine les aliments des tableaux ci-après.

Fer non héminique + vitamine C : le combo gagnant

Fer non héminique (teneur en mg pour 100 g)

Céréales et légumineuses	
lentilles corail, sèches	7,9
tofu (fermenté ou non)	5,4
flocons d'avoine	4,3
lentilles vertes, cuites	3,3
haricots blancs cuits	1,5
haricots rouges cuits	1,5
petits pois	1,5
quinoa cuit	1,49
pâtes de blé complet cuites	1,3
pois chiches cuits	1,1
riz complet cuit	< 1

Légumes et fruits	
spiruline	6,6
épinards cuits, bouillis	3,6
olive	3,3
épinards crus	2,7
betterave	1,8
ail	1,7
roquette	1,5
haricots verts	1
datte	0,9
patate douce	0,7
tomate	0,3

Vitamine C (teneur en mg pour 100 g)

Légumes	
poivron rouge cru	162
poivron jaune ou vert cru	120
poivron cuit	81
chou-fleur	58
chou de Bruxelles cuit	58
chou rouge	55
épinards	39
brocoli	37
betterave	30
tomate cerise	28
pomme de terre	19
roquette	15
carotte	5

Fruits	
cassis	200
kiwi	92
litchi	71,5
fraise	67
jus d'orange pressé	54
citron	53
ananas	47,8
orange	40
mangue	37
framboises	25
banane	8,7
pomme	4,6
raisin	4

Fer non héminique (teneur en mg pour 100 g)		*Vitamine C (teneur en mg pour 100 g)*	
Plantes aromatiques, épices…		**Plantes et herbes aromatiques**	
thym	82	persil	190
cumin	66	moutarde	38
paprika	21	ciboulette	34
gingembre en poudre	19	menthe	25
cannelle	8,3		
persil frais	6,2		
levure diététique	3,4		
basilic frais	3.2		
Graines et oléagineux			
chia	16,4		
sésame	14		
chocolat noir 75-85 % de cacao	12		
noix de cajou	6,7		
noisette	4,7		
pistache	3,9		
amande	3,7		

Source : ANSES (Agence nationale de sécurité sanitaire de l'alimentation)

D'autres pratiques permettent d'augmenter la disponibilité du fer :

- **La lacto-fermentation**, qui consiste à faire macérer des produits frais dans du sel ou de la saumure. Grâce à l'acidification, elle inactive l'acide phytique qui empêche la libération des nutriments. On peut ainsi augmenter jusqu'à deux fois le taux d'absorption du fer d'un aliment.
- **Le trempage et la germination** des graines et des noix diminue la teneur en anti-nutriments tels que l'acide phytique (encore lui !).
- **La cuisson** de certains aliments comme le brocoli (le taux d'absorption passe ainsi de 6 à 30 %).

Inhibiteurs de l'absorption du fer

L'absorption du fer peut être inhibée par les composés tanniques de certains aliments comme :

- le thé vert,
- le thé noir,
- le café,
- le vin rouge,
- le raisin.

L'idéal est de ne pas consommer ces aliments de façon quotidienne, mais si vous avez du mal à vous en passer, vous pouvez les prendre le plus loin possible de vos repas, à environ 2 heures.

En revanche, les infusions, qui ne contiennent pas de thé (camomille, verveine...), n'ont aucun effet sur l'absorption du fer, de même que le rooibos, aussi appelé thé rouge, et qui n'est en réalité pas un thé. Il contient très peu de tanins et est riche de nombreux antioxydants, c'est donc une alternative de premier choix.

Par ailleurs, la consommation de **produits laitiers** peut aussi inhiber l'absorption du fer, car le calcium qu'ils contiennent entre en compétition avec le fer lors de l'absorption.

LE CALCIUM

Le calcium est un minéral indispensable à l'organisme. Il joue un rôle primordial dans la fabrication des os et le maintien de leur solidité. 99 % du calcium présent dans notre corps est stocké dans les os et les dents. Le 1 % restant est impliqué dans d'autres réactions biologiques (contraction musculaire, fonctionnement du cœur et du système nerveux, régulation de la tension artérielle, coagulation du sang...).

Quels sont les symptômes d'une carence en calcium ?

Quand le calcium n'est pas suffisamment présent dans l'alimentation, il y a un déficit calcique : le calcium des os est libéré dans le sang pour maintenir les autres processus biologiques nécessitant du calcium. C'est pourquoi il est important de fournir suffisamment de calcium pour maintenir une bonne densité osseuse, éviter les fractures et l'ostéoporose.

Une carence en calcium peut aussi entraîner :

- des crampes / crises de tétanie, surtout pendant la grossesse,
- des fourmillements,
- des troubles de l'humeur,
- des maux de tête,
- une hyperglycémie due à une mauvaise assimilation du sucre,
- des crampes abdominales, associées ou non à des diarrhées.

Quels sont nos besoins en calcium ?

Les recommandations d'une dose optimale varient en fonction des pays et des organismes. En France, l'Anses recommande :

- 900 à 1 000 mg par jour chez l'adulte de plus de 19 ans
- 1 200 mg par jour pour les femmes de plus de 55 ans.

L'OMS, quant à elle, recommande un apport quotidien minimal de 525 mg.

Aucune différence significative n'a été observée entre les groupes mangeurs de viande, de poisson, les végétariens et les végétaliens, chez les personnes dont l'apport en calcium est supérieur à ce seuil minimal de 525 mg par jour.

S'il est tout de même recommandé de consommer une quantité généreuse de calcium (donc plus de 525 mg par jour), une trop forte dose peut interférer avec l'assimilation du magnésium, du fer et du zinc et peut favoriser d'autres problèmes de santé sans offrir de bénéfices.

Où trouve-t-on le calcium ?

Les sources vegans de calcium sont très nombreuses, les produits laitiers ne sont pas les seuls !

Certains légumes verts, comme le brocoli, le bimi (broccolini) ou le bok choy (chou asiatique) en sont d'excellentes sources. Ils contiennent également de la vitamine K, du potassium et du magnésium, qui contribuent à une meilleure santé osseuse.

Attention cependant, beaucoup de légumes verts, comme les épinards ou la bette à carde, sont riches en calcium, mais aussi en oxalates, qui se lient au calcium et empêchent son absorption dans le tube digestif. C'est aussi le cas des amandes et des graines de chia.

D'autres sources de calcium pauvres en oxalates :

- les eaux minérales, même l'eau du robinet,
- les laits végétaux enrichis,
- le tofu fait avec du sulfate de calcium,
- les flocons d'avoine,
- certains épices et aromates comme le thym, la cannelle, le curry, le cumin et le poivre moulu,
- les oranges.

Inhibiteurs de l'absorption du calcium

Les oxalates limitent l'absorption du calcium. Il faut tout particulièrement surveiller son apport si l'on souffre de problème de calculs rénaux. Le cacao, par exemple, est l'un des aliments les plus riches en oxalates.

Le sel : plus l'alimentation est salée, plus la quantité de calcium éliminée par les urines est importante. À savoir, le calcium assimilé pendant l'adolescence et jusqu'à 20-25 ans participe à la formation du capital osseux. Ensuite, il est trop tard, ce n'est plus possible d'augmenter la densité osseuse, on ne peut que l'entretenir. Attention alors à la consommation de sel des enfants et des adolescents, d'autant que leur apport en calcium aurait tendance à être inférieur de 30 % par rapport aux recommandations.

Pour avoir une bonne santé osseuse :

- **Privilégier une alimentation variée**, à base de produits non transformés et de légumes verts riches en calcium et pauvres en oxalates.
- **Avoir un apport en vitamine D** suffisant grâce à l'exposition au soleil ou par des compléments alimentaires (voir ci-dessous).
- **Pratiquer une activité sportive.** D'après plusieurs études, une activité sportive régulière permet aux os de gagner de 1 à 2 % en densité. Bien que faible, ce gain multiplie par dix la résistance aux fractures !

LES VITAMINES D ET B12

Vitamine D

La vitamine D a un rôle essentiel dans la minéralisation des os en participant à l'assimilation et la fixation du calcium et du phosphore. Elle intervient aussi dans la régulation de certaines hormones.

Cette vitamine est présente dans de nombreux produits animaux mais absente des aliments végétaux. Heureusement, la majeure partie de notre vitamine D vient du soleil et non de la cuisine !

Exposition au soleil

Nous avons la fabuleuse faculté de synthétiser notre vitamine D nous-mêmes, encore faut-il s'exposer suffisamment au soleil, habitude que l'on a tendance à négliger, voire à éviter. La vitamine D est synthétisée dans la peau sous l'action des rayons UVB.

Durée d'exposition au soleil pour une synthèse efficace des mains, avant-bras et visage, en plein été entre 10 et 14 heures, sans crème solaire

Personnes à la peau blanche	5 à 10 minutes
Personnes à la peau noire	25 à 60 minutes
Personnes âgées	20 à 40 minutes

Évitez toutefois une exposition prolongée et utilisez un écran solaire pour protéger la peau et éviter les risques de cancers au-delà d'une exposition de 15 minutes.

Quel complément choisir ?

À défaut de soleil, il est tout à fait possible de se supplémenter.

Les besoins d'un adulte sont de **5 µg (200 UI) de vitamine D par jour** en l'absence d'exposition suffisante au soleil.

On trouve deux sortes de vitamine D dans les aliments enrichis et les compléments : **la vitamine D2 et la vitamine D3**. La D2 est d'origine végétale, tandis que la D3 est souvent d'origine animale (issue de la lanoline, graisse de la laine de mouton).

La vitamine D2 étant moins efficace de 25 à 40 %, il en faut une quantité plus importante, cependant on peut trouver de la vitamine D3 synthétisée, il faut simplement vérifier sur l'emballage la garantie d'une origine non animale.

Vitamine B12

Il est indispensable, quand on adopte un régime végétalien, de se supplémenter en vitamine B12. **C'est la seule vitamine qui ne peut être apportée par les végétaux en quantité suffisante.**

La B12 est essentielle au bon fonctionnement du cerveau (elle participe à la synthèse des neurotransmetteurs), du système nerveux (elle est indispensable à son maintien et tout particulièrement à celui de la gaine de myéline qui protège les nerfs et optimise leur fonctionnement) et à la formation des globules rouges dans notre sang.

D'où vient-elle ?

Elle est produite par un certain type de bactéries vivant soit dans le sol, soit dans notre système digestif et celui des animaux.

Le problème pour nous, humains, c'est que ces bactéries se trouvent dans notre système digestif et fabriquent de la B12 en aval (après) de la zone où celle-ci est absorbable... donc, à moins d'ingérer sa propre matière fécale, ou des légumes pleins de terre et non lavés (ce que, dans les deux cas, je ne vous recommande pas de faire !), il faut aller chercher ailleurs sa source de B12.

À ce jour, quatre grands groupes pharmaceutiques produisent de la vitamine B12 dans le monde (un français : Sanofi-Aventis et trois chinois). Cela se fait en laboratoire avec les souches bactériennes spécifiques isolées. 90 % de la production mondiale est destinée à l'élevage comme facteur de croissance afin d'améliorer sa rentabilité, le reste servant à l'alimentation humaine et aux soins.

La B12 est présente dans les produits de la mer ainsi que les abats, et en faible quantité dans les œufs et produits laitiers. Donc OUI : les végétariens et végétariennes doivent se supplémenter en vitamine B12 !

Toutefois, on croit à tort qu'une alimentation omnivore met à l'abri d'une carence en vitamine B12, mais beaucoup de personnes qui mangent de la viande et des produits d'origine animale peuvent présenter des carences et doivent également se supplémenter. Cela est souvent dû à une mauvaise assimilation de la B12 et à une quantité qui reste malgré tout faible.

Quels sont les risques et symptômes liés à une carence en B12 ?

- **Troubles nerveux** : douleurs, tremblements, fourmillements, problèmes de coordination, troubles de la mémoire...
- **Anémie** : perte de force, faiblesse immunitaire, fatigue chronique, trouble de la concentration...
- **Problèmes de synthèse des neurotransmetteurs et des hormones** : troubles psychologiques, dépression, psychose...
- **Problèmes digestifs** : constipation, diarrhée, inflammations buccales et/ou gastro-intestinales...

Quels sont nos besoins en vitamine B12 ?

Âge / phase de vie	AJR en vitamine B12 selon la FAO	AJR en vitamine B12 selon la DGE
de 1 à 4 ans	0,9 µg	1 µg
de 4 ans à 7 ans	1,2 µg	1,5 µg
de 7 à 13 ans	1,8 µg	2 µg
adultes (+ 14 ans)	2,4 µg	3 µg
femmes enceintes	2,6 µg	3,5 µg
femmes allaitantes	2,8 µg	4 µg
personnes âgées	–	4 µg

Sources : FAO (Organisation des Nations unies pour l'alimentation et l'agriculture) et DGE (Société de nutrition allemande). AJR = apports journaliers recommandés.

Quel dosage ?

Soit :

- 1 µg (microgramme) trois fois par jour
- 10 µg une fois par jour
- 2 000 µg une fois par semaine
- 5 000 µg une fois toutes les deux semaines.

Source : vive la b12, site de la Société vegan française.

Une surdose de vitamine B12 n'a, *a priori*, pas d'effet secondaire négatif, d'autant que le surplus est évacué dans les urines.

Cependant, la vitamine B12 est capricieuse quant à son assimilation. En réalité, seule une partie de la B12 présente dans un aliment est réellement absorbée par notre organisme. D'un autre côté, notre corps a la capacité de garder de la B12 en stock. Mais, attention, quand le stock est épuisé, les dommages engendrés sur notre système nerveux peuvent être dramatiques et irréversibles. Il est donc vital de veiller à satisfaire ses besoins en vitamine B12 !

Quel complément choisir ?

Attention, ne sont pas des sources suffisantes de B12 :

- **Les produits enrichis en vitamine B12 :** certains produits peuvent être enrichis : laits végétaux, levure de bière, yaourts végétaux... Cependant, ces produits ne sont que faiblement complémentés et ne peuvent pas représenter une source unique de B12 dans un régime végétalien.
- **La spiruline :** la spiruline n'est pas une source de vitamine B12 fiable. Elle fournit un analogue de la B12, d'une forme non activée et non utilisable par notre organisme. De plus, cet analogue entre en compétition avec la B12 et peut empêcher son assimilation.

Il existe différentes formes de B12 dans le commerce :

- cyanocobalamine,
- hydroxocobalamine,
- adénosylcobalamine,
- méthylcobalamine.

Il a été prouvé que l'absorption varie peu entre les différentes formes. La **cyanocobalamine** est la plus répandue, la mieux étudiée, la moins chère et la plus stable. Pour ma part, toutefois, cette forme me donne de l'acné (et d'autres personnes m'en ont aussi témoigné). Je prends donc ma vitamine B12 sous forme de **méthylcobalamine**, qui est aussi très répandue. À chacun de trouver la formule qui lui convient.

On trouve les compléments alimentaires de B12 en pharmacie ou bien sur Internet sans prescription médicale nécessaire. Les prix varient entre 3 et 10 euros en fonction du nombre de comprimés et du dosage.

Alternatives vegans

DANS L'ALIMENTATION

Nous sommes souvent très attachés à la viande, au fromage et à tous ces plats d'origine animale qui font partie de notre quotidien – et de notre culture ! Au-delà de l'aspect santé et gustatif, ils ont toute une symbolique sociale et il peut être difficilement envisageable d'y renoncer si l'on ne trouve pas d'alternatives satisfaisantes.

Heureusement, des alternatives végétales absolument bluffantes existent et sont même très nombreuses !

Par quoi remplacer la viande ?

Principaux nutriments apportés par la viande	*Alternatives vegans*
PROTÉINES	Céréales (avoine, épeautre, blé, orge, millet, maïs, seigle, riz) Légumineuses (haricots rouges/noirs/blancs, lentilles, pois chiches, fèves, lupin…) Soja (fèves, tofu, tempeh…) Oléagineux (cacahuètes, amandes, noix de cajou, noix du brésil…) Graines (quinoa, amarante, chanvre, chia…)
FER	Association : aliments riches en fer non héminique + aliments riches en vitamine C (voir p. 46)
VITAMINE B12	Compléments alimentaires (voir p. 54)
ZINC	Cacao Germe de blé Graines de courge Sésame Chanvre Noix de cajou Noix de pécan Noix du brésil
PHOSPHORE	Tous les aliments végétaux contiennent de bonnes quantités de phosphore, surtout les céréales, les graines et les noix.
FOLATES	Graines de tournesol Persil Lentilles Avocat Betterave Noix

Pour le goût, la texture et le visuel

Caractéristique		Alternatives vegans	Recettes associées
GOÛT Viande fumée /rôtie réaction de Maillard		Sauce soja Sauce tamari (sans gluten) Aminos de coco (sans soja) Arôme liquide de fumée Sauce barbecue Paprika fumé Miso (pâte de soja ou riz fermenté)	Seitan mariné croustillant et facile (p. 174) Empanadas argentinas (p. 120) Bacon végétal (p. 152) Hachis Parmentier (p. 178) Lasagnes à la bolognaise végétale (p. 172)
COULEUR		Betterave (jus, poudre, râpée…) Tomate Paprika Sauce soja ou tamari Sauce barbecue Ketchup	
TEXTURE/ ASPECT	Bœuf	Seitan (gluten)	
	Poulet	Jeunes fruits du jacquier	
	Bacon	Feuilles de riz	
	Viande hachée	Protéines de soja ou de pois texturées	

Par quoi remplacer le poisson ?

Je ne serai peut-être pas du meilleur conseil sur ce sujet, car je n'ai jamais apprécié les saveurs des produits de la mer... Toutefois, les algues comme la nori apportent un petit goût iodé qui rappelle ces saveurs typiques.

Et pour les oméga-3, que l'on trouve dans les poissons gras comme le saumon par exemple, j'utilise des graines de lin broyées (entières, on ne les digère pas et on ne profite donc pas de leurs bienfaits), que j'ajoute dans mes porridges, mes smoothies ou mes salades.

Par quoi remplacer les produits laitiers ?

On trouve les produits laitiers sous une multitude de formes ; heureusement, il existe des tas d'alternatives végétales tout aussi satisfaisantes en termes de goût et de texture, et bien plus saines !

Les « laits » végétaux

En fonction des marques, un même type de « lait » peut avoir un goût différent : n'hésitez pas à en tester plusieurs pour trouver votre favori ! Certaines boissons végétales ont naturellement un goût sucré, d'autre non, dans tous les cas je vous conseille de privilégier les versions bio, nature, avec le moins d'agents de texture possible et sans sucres ajoutés (jus de pommes ou sucre de canne, par exemple).

Il existe de nombreuses variétés de boissons végétales : à base d'oléagineux – noisette, noix de coco, macadamia, chanvre... – ou à base de céréales – épeautre, millet... Elles ont chacune leur saveur bien particulière, mais plus cela sera « exotique », plus le prix sera élevé ! Je vous présente les plus classiques.

Le lait de soja

C'est le plus répandu et le moins cher. Il est le plus riche en protéines et pauvre en sucres. Il est aussi un peu plus gras que les autres boissons végétales. Son profil nutritionnel est celui qui s'approche le plus du lait de vache.

Il apporte un côté très onctueux aux préparations et sera parfait pour la pâtisserie.

Lorsque l'on n'est pas habitué, son goût peut rebuter, mais les goûts changent ! Au début, je ne pouvais pas en boire, aujourd'hui c'est mon préféré...

Le lait de riz

Il a un goût naturellement très sucré, il est pauvre en graisses et en protéines. Sa texture est légèrement plus aqueuse que celle du lait de soja.

Il peut s'utiliser comme un lait de vache et c'est une alternative qui plaît en général pour commencer sa transition.

Le lait d'avoine

Il a un profil assez similaire au lait de riz, quoique plus protéiné et moins sucré, il reste cependant très doux. C'est aussi une très bonne option pour démarrer quand on veut arrêter le lait de vache.

Le lait d'amande

Malgré une texture onctueuse, il a un goût plus léger, moins sucré que les autres boissons végétales. Aussi surprenant que cela puisse paraître, il reste faible en lipides, glucides et protéines, pourtant il n'a en rien la texture de l'eau. J'aime beaucoup l'alterner avec le lait de soja dans mes porridges au petit déj'.

La crème végétale

Comme pour les boissons végétales, il existe une grande variété de crèmes végétales aptes à remplacer la crème fraîche. Celle qui s'en approche le plus, en termes de goût, texture et profil nutritionnel, est la crème de soja.

Les crèmes d'amande, de riz ou d'avoine sont aussi très facilement trouvables. Elles sont plus sucrées et donc plus adaptées à la pâtisserie. Enfin, la crème de coco fait des merveilles dans les plats indiens ou asiatiques, elle apporte énormément de crémeux et de saveur !

Les préparations à fouetter (type chantilly)

Il existe des préparations végétales à fouetter et même en bombes (je fais en général mon petit stock pour l'année en passant par le site boutique-vegan.fr). La ressemblance est bluffante, impossible de deviner qu'il s'agit d'une version vegan ! Pour une option plus accessible, on peut utiliser la partie solide d'une boîte de conserve de lait de coco, placée auparavant toute une nuit au réfrigérateur. Il suffit de fouetter au batteur le lait de coco bien froid jusqu'à ce qu'il épaississe et se fige.

Les alternatives au beurre

La margarine 100 % végétale bio et sans huile de palme se trouve facilement en grande surface. Ses goût, aspect et texture s'apparentent beaucoup au beurre classique.

Pour une version moins transformée, on peut utiliser les purées d'amandes, cacahuètes ou cajou qui, en plus d'apporter de bons lipides insaturés, sont riches en protéines, fibres et minéraux. Elles peuvent aussi bien s'utiliser telles quelles sur une tartine que dans la pâtisserie, en revanche elles apporteront un goût très prononcé.

Enfin, l'huile de noix de coco a des propriétés très intéressantes et est idéale pour la cuisson, car elle résiste aux températures élevées. Elle se fige à température ambiante, ce qui implique qu'elle donnera beaucoup de moelleux aux pâtisseries. Encore faut-il aimer son goût. Il existe des versions désodorisées, mais cela signifie qu'elle a été davantage raffinée et qu'elle a perdu sa qualité nutritionnelle.

Les yaourts

Les alternatives aux yaourts classiques se trouvent très facilement, que ce soit en magasin bio ou en grande surface. Elles sont à base de soja, d'amande ou de coco et sont en général très réussies au niveau texture.

On en trouve pour tous les goûts, nature sans sucre, aux fruits...

Il existe même des crèmes desserts au chocolat, ou à la vanille.

Pour faire vos propres yaourts végétaux, rendez-vous p. 213.

Les fromages

Je ne vais pas vous le cacher, c'est probablement la catégorie la plus compliquée à imiter en version végétale. Difficile de retrouver toute la diversité des fromages !

On peut cependant trouver en grande surface des alternatives aux fromages râpés, aux fromages frais à tartiner ainsi qu'aux fromages en tranches.

Les petites productions artisanales se multiplient aussi, notamment à Paris et dans les grandes villes.

Pour ma part, j'adore utiliser les noix de cajou, la levure de bière maltée et le tapioca pour faire mes fromages maison, retrouvez toutes mes recettes p. 213 !

J'aime aussi beaucoup le tofu lacto-fermenté, disponible en magasin bio, parfait pour imiter la feta et agrémenter les salades.

Les glaces

Pour réaliser une glace maison, vegan et totalement saine, il suffit de passer 2 à 3 bananes congelées dans un blender. On obtient une crème très onctueuse, naturellement sucrée, à laquelle on peut ajouter de la vanille, du cacao ou d'autres fruits. Pour d'autres recettes de glaces vegan, rendez-vous p. 232 et 244.

Les grandes surfaces et magasins bio proposent parfois des alternatives vegan dans leurs rayons glaces. Celles-ci sont à base de lait de soja, d'amande, de coco ou de noix de cajou et offrent des saveurs absolument fabuleuses ! Les sorbets ne posent en général pas de soucis, puisqu'ils sont réalisés à partir de fruits, d'eau et de sucre. Toutefois, certaines marques ajoutent du blanc d'œuf ou des protéines de lait comme agents de texture, mieux vaut donc vérifier la liste des ingrédients.

Par quoi remplacer les œufs ?

Les œufs ont des propriétés particulièrement intéressantes en cuisine grâce à la nature des protéines du blanc et du jaune. Ils permettent de faire lever une préparation, de l'émulsionner, de la colorer ou bien de l'épaissir. Les remplacer dans la cuisine végétalienne n'est pas toujours facile et nécessite parfois de recourir à plusieurs ingrédients et à de savants mélanges.

Alternatives vegans	Caractéristique	Recettes associées
½ banane en purée	Liant gonflant moelleux	Gâteaux ou pancakes
60 g de compote de pommes	Liant moelleux	
1 yaourt de soja ou coco	Liant gonflant moelleux	
Purée de patate douce	Liant gonflant moelleux	
Tofu soyeux	Liant moelleux	Potages, quiches
3 cuil. à soupe de farine de pois chiches + 3 cuil. à soupe d'eau	Liant	Quiches, tortilla espagnole
1 cuil. à soupe de graines de lin moulu + 2 cuil. à soupe d'eau (mettre au frais 10 min)	Liant gélifiant	Gâteaux, biscuits, bowlcakes
1 cuil. à soupe de graines de chia + 10 cl d'eau	Liant gélifiant	
Agar-agar	Gélifiant	
Bicarbonate de soude + jus de citron ou vinaigre	Gonflant moelleux	Gâteaux ou pancakes épais

Alternatives vegans	Caractéristique	Recettes associées
3 cuil. à soupe de farine + 3 cuil. à soupe d'eau pour friture nature	Liant	Avant panure, nuggets
1 pincée de sel noir	Goût soufré typique de l'œuf	
1 pincée de curcuma	Couleur	Quiche (recette tofu brouillé p. 104)
100 g de tofu ferme émietté	Texture œuf brouillé	Œuf brouillé (recette tofu brouillé p. 104)
50 g d'aquafaba (jus de cuisson ou de conserve des pois chiches)	Texture blancs en neige	Meringue (recette mousse au chocolat, p. 230)

Par quoi remplacer le miel ?

Eh oui, même le miel n'est pas vegan !

Les sirops d'agave et d'érable sont de très bonnes alternatives au miel. Riches en vitamines et minéraux, ils sont cependant moins visqueux.

Plus récemment, j'ai découvert le nectar de fleur de coco ainsi que le sirop de yacon (pomme de terre péruvienne), qui offrent un goût plus fleuri et des textures similaires à celle du miel.

DANS L'HABILLEMENT

Lorsque l'on s'intéresse au véganisme, on cherche à limiter sa consommation de produits animaux dans tous les domaines, et la mode n'y échappe pas. En tant que vegan, je n'achète plus de cuir, laine, fourrure (enfin ça, ça n'est jamais arrivé, même avant d'être vegan !), de duvet (plumes), ou de soie. Ce sont toutes des matières animales, obtenues par exploitation des animaux et avec des techniques parfois cruelles. L'origine d'une matière est facilement vérifiable, puisque la réglementation autour de l'étiquetage textile oblige à faire figurer l'origine. Pas d'inquiétude, les alternatives sont nombreuses !

Le cuir

Bien que considéré comme une matière très noble, le cuir est issu de la peau d'un animal et nécessite sa mise à mort. En outre, le cuir est une matière très polluante à fabriquer en raison du tannage qui consiste à laisser la peau macérer dans différents composants chimiques, comme le chrome, pour la rendre souple et empêcher sa putréfaction.

Il existe des similis cuirs, autrement dit des cuirs synthétiques, qui imitent à merveille le cuir, aussi bien à des prix abordables que luxueux. Bien que dérivée du pétrole, et pas 100 % durable, la fabrication de cuir synthétique est bien moins polluante que celle du cuir animal (et sans mise à mort).

Une autre solution est le cuir végétal, comme le Piñatex. Cette matière est faite à partir de fibres de feuilles d'ananas traitées, pour un résultat fin mais robuste.

Mes plus belles découvertes sont les marques **Matt & Nat** et **Colibri** pour la maroquinerie !

Pour aller plus loin : https://vegan-pratique.fr/conseil/remplacer-le-cuir/

La laine

J'avoue avoir eu un peu de mal à comprendre pourquoi la laine de mouton (mohair) ne pouvait pas être considérée comme vegan. En faisant quelques recherches, on s'aperçoit rapidement qu'il s'agit aussi d'une filière qui exploite et malmène les animaux comme n'importe quel type d'élevage. Les plus gros producteurs sont l'Australie et la Chine. Les animaux sont très nombreux, manquent de soin et sont violentés lors de la tonte. De plus, le renouvellement du cheptel se fait régulièrement pour éviter la baisse de qualité de la laine, et les animaux finissent à l'abattoir.

Il y a aussi la laine d'angora, qui provient de lapins à qui l'on arrache les poils. Cette matière a d'ailleurs été bannie de plusieurs enseignes célèbres comme H&M, Mango ou Topshop.

Les alternatives à la laine peuvent être :

- d'origine synthétique, comme l'acrylique ou le polyester. Ces matières sont peu coûteuses mais dérivées du pétrole. Du fait qu'elles soient synthétiques, ce sont aussi des matières qui respirent peu et qui génèrent beaucoup d'électricité statique,
- d'origine naturelle, comme la laine de chanvre. Elle est très efficace pour maintenir au chaud et plus respirante, douce et confortable que les matières synthétiques. Elle est malheureusement plus rare et plus chère.

Pour aller plus loin : https://vegan-pratique.fr/conseil/laine-angora-cachemire/

La fourrure

C'est probablement la seule matière animale qui n'a pas la faveur du public. Les vidéos choc sur les méthodes d'élevage ou de chasse circulent depuis de nombreuses années et en ont traumatisé plus d'un...

Les fourrures synthétiques (*faux fur*), sur les capuches des manteaux par exemple, sont très répandues et donc faciles à trouver !

Astuce :

Pour éviter de vérifier la composition article par article, lorsque je fais mon shopping en ligne, j'utilise les filtres et décoche les matières telles que « cuir » et « laine », ou coche uniquement la case « simili cuir ». Asos et Zalando permettent une large sélection de matières, hyper pratique pour rapidement trouver son bonheur !

DANS LES COSMÉTIQUES ET LES PRODUITS D'HYGIÈNE

En tant que passionnée de maquillage et produits de beauté, j'ai retardé au maximum les changements à faire pour avoir une trousse de beauté vegan et cruelty-free. Je m'imaginais déjà devoir renoncer à tout et me lancer dans des recherches d'alternatives laborieuses... Finalement, j'ai été très surprise de constater qu'il existe énormément de marques non testées sur les animaux et qu'en fait j'utilisais déjà !

Les ingrédients d'origine animale les plus utilisés en cosmétique :

- lait ;
- miel, cire d'abeille, gelée royale, propolis ;
- lanoline (issu de la laine du mouton) ;
- œufs ;
- carmin (colorant rouge à base de cochenille, E120) ;
- kératine ;
- protéines de soie ;
- tallowate de sodium (issu de la graisse de bœuf, utilisé pour certains savons).

La vérification de l'absence de ces produits est facile : les compositions chimiques sont toujours indiquées pour les produits cosmétiques.

Les tests sur les animaux

Depuis 2013, plus aucun produit cosmétique ne peut être vendu au sein de l'Union européenne si le produit fini ou ses ingrédients ont fait l'objet de tests sur des animaux, et ce quel que soit le pays où ces tests ont été exécutés. Cette mesure concerne tous les produits cosmétiques : produits d'hygiène comme le dentifrice et le savon ou cosmétiques plus élaborés comme le maquillage et les produits de soin.

Il y a toutefois quelques exceptions :

- **La réglementation REACH** : il répertorie toutes les substances chimiques utilisées par l'industrie et toutes les informations les concernant. Quand une marque décide d'utiliser une substance qui n'est pas encore répertoriée par REACH (enregistrement, évaluation et autorisation des substances chimiques) ou pour laquelle les informations sont insuffisantes, la marque doit démontrer que l'ingrédient en question ne présente aucun danger en pratiquant des tests elle-même. Cela peut être fait sur les animaux s'il n'y a aucun test alternatif possible. Heureusement, les alternatives aux tests sur les animaux existent et sont de plus en plus fiables.
- Les substances utilisées dans d'autres domaines, comme la pharmacologie, la chimie ou l'agro-alimentaire, mais que l'on peut aussi retrouver dans les produits cosmétiques.
- Les substances qui peuvent poser question quant à la sécurité des travailleurs exposés lors des process de production.

Il faut savoir que les règles ne sont pas les mêmes dans d'autres pays.

Si une marque souhaite s'implanter en Chine, par exemple, les produits sont obligatoirement testés sur les animaux, pas par la marque mais par les autorités du pays. Nombreuses sont les marques qui ne testent pas sur les animaux mais qui, attirées par le marché que représente la Chine, acceptent que leurs produits soient testés.

C'est pourquoi les labels ont toute leur importance pour se repérer facilement !

	Leaping Bunny	La marque labellisée n'est pas implantée en Chine et ses produits ainsi que les ingrédients utilisés ne sont jamais testés sur les animaux.
cruelty free	Cruelty-free & Cruelty-free and vegan	La marque labellisée n'est pas implantée en Chine et les produits et les ingrédients qui les composent ne sont jamais testés sur les animaux. Le second logo garantit en plus qu'aucun produit d'origine animale n'entre dans la composition.
NOT TESTED ON ANIMALS	CCF (Choose Cruelty-free)	La marque labellisée n'effectue aucun test animaux et ne vend pas ses produits dans un pays autorisant l'expérimentation animale.

Attention, un produit peut être non testé sur les animaux mais contenir des matières animales.

Où acheter ses produits cosmétiques ?

Pour y voir plus clair, j'ai d'abord utilisé la liste de marques non testées sur animaux élaborée par l'association **PETA**, disponible sur leur site. À présent, ma bible, c'est le blog et la chaîne YouTube **Logical Harmony** (en anglais), qui met à jour très régulièrement sa liste de marques et produits vegan et cruelty-free.

Beaucoup de marques disponibles chez Sephora sont cruelty-free, comme Anastasia Beverly Hills, Fenty Beauty, Too Faced, Kat Von D, Becca Urban Decay, BareMinerals, Marc Jacobs Beauty...

Les sites de ces marques proposent en général une liste des produits vegans.

Certaines de ces marques appartiennent à de grands groupes comme L'Oréal ou Estée Lauder qui ne sont pas cruelty-free, mais elles n'en restent pas moins indépendantes vis-à-vis de leur installation en Chine et de leur politique sur les tests animaux.

Pour les cosmétiques bio et plus naturels, j'utilise l'e-shop **PURNATURAL** qui ne commercialise que des produits non testés sur les animaux. D'ailleurs – instant bloggueuse – avec mon code promo PURALICE10, vous pouvez bénéficier d'une réduction de 10 % sur le total de votre commande. Mes marques préférées sont Avril, Sante, EcoTan, Schmidt's, Pai, Cattier.

Un doute sur une marque ?

Une marque peut être cruelty-free (pas de test sur les animaux) et ne pas posséder de label. Vérifiez alors la politique de la marque sur son site internet et regardez si elle a un point de vente physique en Chine.

Pour aller plus loin : https://vegan-pratique.fr/conseil/cosmetiques-et-produits-non-testes/

En cuisine

MES INGRÉDIENTS INDISPENSABLES

Les flocons d'avoine

Vous n'imaginez pas mon amour pour ces flocons ! C'est une des céréales les plus intéressantes d'un point de vue nutritionnel : riche en fibres solubles, douce pour la digestion, riche en protéines, en fer et en calcium assimilables. On peut aussi bien manger ces flocons salés que sucrés, chauds ou froids, c'est la base de tous mes petits déjeuners. Mixés, ils peuvent aussi servir de farine, sans compter qu'ils sont sans gluten !

La levure de bière maltée

Ces paillettes de levure sont parfaites pour relever les salades, les sauces ou les gratins. La levure de bière, maltée ou diététique, est très utile pour retrouver la saveur du fromage, elle aussi très riche en protéines et vitamine B qui aide à la repousse des cheveux et des ongles.

Le tofu

L'ingrédient que j'ai toujours dans mon frigo ! Riche en protéines, en fer et en calcium, le tofu prend le goût de ce qu'on lui donne, ce qui fait qu'il s'adapte à n'importe quelle recette. Émietté pour faire des œufs brouillés, en dés, pané… les combinaisons sont infinies. Une seule règle : ne pas en consommer nature, sinon c'est sûr, vous trouverez ça fade !

La sauce tamari et la sauce barbecue

J'adore utiliser ces sauces pour relever et donner un goût salé et fumé à mes préparations, cela m'aide beaucoup pour retrouver les saveurs de la viande.

Le lait de soja sans sucre ajouté

C'est un « lait » végétal avec un profil nutritionnel très intéressant puisqu'il est riche en protéines. Il a une texture un peu crémeuse par rapport à d'autres boissons végétales qui ressemblent plus à de l'eau et je le prends toujours sans sucre ajouté pour le côté healthy.

Les légumes et les fruits surgelés

Mon congélateur est toujours rempli de fruits et légumes surgelés en tout genre. C'est hyper pratique pour éviter le gaspillage et toujours avoir quelque chose de sain sous la main.

Évidemment, on les choisit nature, sans ajout de sel ni de matière grasse ! Si vous me suivez sur mon compte Instagram, vous confirmerez : les framboises surgelées sont l'ingrédient star de tous mes petits déj' ! J'adore

leur petit côté acidulé, elles sont peu sucrées et très riches en antioxydants ainsi qu'en vitamine C, ce qui est parfait pour favoriser l'élasticité et l'éclat de la peau.

Les noix de cajou, amandes, cacahuètes

Les oléagineux sont très importants pour apporter de bons lipides avec des fibres et des minéraux. Je les adore, entiers pour le croquant ou sous forme de purée pour le côté onctueux sur une tartine ou dans des sauces.

Les pâtes complètes

Encore un super ingrédient de base, riche en glucides complexes pour l'énergie et en protéines ! Le fait de choisir ces céréales complètes permet aussi d'avoir un meilleur apport en minéraux et en fibres. Qui a dit que les pâtes, ce n'était pas sain ?

Le yaourt végétal sans sucre ajouté

Je l'utilise pour mes desserts, bien sûr, mais aussi pour mes petits déjeuners ou encore mes sauces. Les yaourts végétaux apportent plein de probiotiques bons pour renouveler notre flore intestinale. Et on peut très facilement les faire maison.

Les épices : curry, cannelle, cumin, paprika fumé…

Le secret d'une cuisine végétale réussie, c'est l'utilisation des épices ! Elles ont ce pouvoir de rendre un plat tellement « satisfaisant »…

Les légumes de saison (mais pas toujours)

Bien sûr, rien ne vaut des légumes frais, j'essaie de privilégier ceux de saison, mais j'ai quand même un faible pour la patate douce que je pourrais manger à longueur de journée !

OÙ SHOPPER SES INGRÉDIENTS VEGANS ?

Il y a quelques années, c'était en magasin bio qu'on avait le plus de choix en termes d'alternatives vegans. Si vous n'y êtes jamais allé, faites-y un tour, un tout nouveau monde de produits inconnus s'offrira à vous ! Pour ma part, j'adore y passer des heures à la recherche de nouveautés vegans et healthy.

Aujourd'hui, les grandes surfaces commencent aussi à proposer beaucoup de produits végétaux, comme des steaks, « laits », faux fromage, yaourts et même des glaces ! On peut tout à fait manger vegan en ne faisant ses courses qu'en grande surface.

Il existe également des boutiques en ligne spécialisées. Ma préférée est la Boutique-vegan.fr, vous y trouverez le jeune fruit du jacquier et les protéines de pois texturées que j'utilise dans quelques recettes de ce livre et qui sont des merveilles pour imiter la viande.

Petits déjeuners quotidiens

La semaine, c'est généralement là où on est le plus pressé, mais aussi le moment où on a le plus besoin d'énergie, et d'une pointe de réconfort, parce que les journées s'annoncent intenses. Pour que vous soyez d'attaque sans passer une heure en cuisine, je vous ai sélectionné mes recettes de petits déjeuners préférées : ultra gourmandes et healthy. Avec elles, impossible de mal démarrer sa journée !

Porridge façon cheesecake à la fraise

Êtes-vous prêt pour un plaisir ultime au petit déjeuner ? Aussi délicieux que le vrai cheesecake à la fraise, ce porridge est beaucoup plus léger et composé d'ingrédients sains, riches en vitamines et minéraux. De quoi démarrer la journée du bon pied !

Préparation : 10 min
Cuisson : 5 min

Pour 1 bol
20 cl de lait végétal
60 g de flocons d'avoine
les zestes d'¼ de citron
1 cuil. à café d'extrait de vanille
2 cuil. à café de sirop d'agave
1 cuil. à soupe de graines de chia (facultatif)
1 cuil. à soupe de yaourt végétal non sucré
5-6 fraises
copeaux de noix de coco (facultatif)

Topping
2 cuil. à soupe de cream cheese végétal (recette p. 226)
1 cuil. à café de sirop d'agave

Dans une casserole, mettez les flocons d'avoine, le lait végétal, les zestes finement râpés de citron, la vanille, 2 cuillerées de sirop d'agave et les graines de chia.

Faites cuire à feu moyen, en remuant de temps en temps, pendant 5 minutes, jusqu'à ce que le porridge ait une consistance épaisse.

Retirez du feu et incorporez quelques fraises coupées et le yaourt végétal et mélangez.

Servez dans un bol, puis ajoutez en garniture un peu de cream cheese, 1 fraise coupée en morceaux. Arrosez de sirop d'agave et parsemez de copeaux de noix de coco si vous aimez.

Astuce

Si vous n'avez pas envie ou pas le temps de cuire votre porridge le matin, vous pouvez aussi faire cette recette en version « overnight », en laissant poser le porridge toute une nuit au réfrigérateur et sans étape de cuisson.

Porridge façon carrotcake

Cette recette est pour les fans de carrotcake ! Moelleux, croquant, sucré et sain, ce porridge à base de carotte apportera un peu de fantaisie dans vos petits déjeuners. Avec ses saveurs automnales, il sera aussi merveilleux pour accompagner les matinées de vacances et à partager en famille.

Préparation : 10 min
Cuisson : 5 min

Pour 1 bol

20 cl de lait végétal ou d'eau
1 carotte râpée moyenne
60 g de flocons d'avoine
3 noix
1 cuil. à soupe de graines de chia
½ cuil. à café de cannelle en poudre
+ 1 pincée pour servir
¼ de cuil. à café de noix muscade râpée
1 pincée de sel
1 cuil. à café d'extrait de vanille
1 cuil. à soupe de sirop d'érable

Râpez la carotte et faites-la revenir dans une casserole avec les flocons d'avoine, les noix grossièrement concassées, les graines de chia et les épices. Versez le lait végétal et l'extrait de vanille.

Faites cuire à feu moyen, en remuant de temps en temps, pendant 5 minutes environ, jusqu'à ce que le porridge ait la consistance que vous préférez. Rajoutez un peu d'eau ou de lait végétal, si nécessaire.

Servez le porridge chaud avec 1 pincée de cannelle et en arrosant de sirop d'érable. Ajoutez la garniture de votre choix : par exemple, du yaourt végétal, des graines de citrouille ou des pistaches décortiquées et des copeaux de noix de coco.

Porridge gourmand banane, chocolat, cacahuètes

Une recette chocolatée ET équilibrée, pour attaquer la journée avec des saveurs douces et réconfortantes ! Les flocons d'avoine sont des céréales très saines, riches en fibres douces pour la digestion et qui permettent de varier du traditionnel blé que l'on a tendance à manger à tous les repas.

Préparation 10 min
Cuisson : 3 min

Pour 1 bol
15 cl de lait végétal ou d'eau
60 g de flocons d'avoine
½ cuil. à café de vanille en poudre
1 cuil. à café de cacao en poudre
1 banane
1 cuil. à soupe de beurre de cacahuètes (ou d'amandes)
1 poignée de cacahuètes non salées
quelques pépites de chocolat noir
1 cuil. à soupe de sirop d'érable ou d'agave

Mélangez les flocons d'avoine avec la vanille et le cacao.

Versez dessus le lait végétal en remuant pour que les flocons soient bien imbibés.

Au choix, faites cuire l'ensemble 1 minute au four à micro-ondes ou 3 minutes à la casserole, ou encore laissez tel quel.

Ajoutez la banane coupée en rondelles, le beurre de cacahuètes et les cacahuètes concassées ainsi que les pépites de chocolat. Puis arrosez de sirop d'érable et dégustez.

Astuce

Pour une version sans gluten, il existe des flocons d'avoine sans gluten, ou bien utilisez des flocons de sarrasin.

Granola

Croquant, parfumé et sucré, le granola accompagne à merveille les porridges, les smoothies bowls ou les yaourts végétaux. En faire soi-même est très simple et le résultat sera beaucoup plus sain que les produits que l'on trouve dans le commerce. Le meilleur moment de la recette ? Quand on sort le granola du four et que l'odeur de cannelle embaume toute la cuisine, *so cosy* !

Préparation : 10 min
Cuisson : 30 min

Pour 20 portions de 30 g

350 g de flocons d'avoine (ou de sarrasin pour une version sans gluten)
30 g d'amandes
30 g de noix de cajou
30 g de noix du Brésil
60 g de graines tournesol (ou de sésame)
30 g de graines de courge
2 cuil. à café de cannelle en poudre
1 cuil. à café de vanille en poudre
1 pincée de sel
60 g de sirop d'agave (ou d'érable)
30 g d'huile de coco (ou d'olive)

Topping

copeaux de noix de coco
cranberries
baies de goji

Dans un grand saladier, versez les flocons d'avoine, les amandes et les noix grossièrement concassées ainsi que les graines. Saupoudrez avec les épices et le sel et mélangez bien l'ensemble.

Ajoutez le sirop et l'huile végétale préalablement fondue et mélangez à nouveau le tout.

Étalez le granola en une fine couche sur une plaque de cuisson recouverte de papier sulfurisé.

Enfournez à 180 °C (th. 6) pour 30 minutes, en remuant à mi-cuisson pour que le granola soit uniformément doré.

Laissez refroidir et servez avec des copeaux de noix de coco, des cranberries et des baies de goji séchées. Transvasez le tout dans une grande jarre ; ce granola peut se conserver pendant 2 mois.

Astuces

Le mélange de base se compose de 350 g de flocons, 90 g de fruits à coque (amandes, noix, noisettes, pécan, noix de cajou, noix du Brésil), 90 g de graines (tournesol, courge, sésame), 60 g d'un liquide sucrant et 30 g d'une huile végétale.

À ajouter après cuisson pour plus de gourmandise : copeaux de noix de coco, pépites de chocolat, fruits secs grossièrement hachés (raisins, cranberries, pruneaux, dattes, figues, myrtilles, cerises, mangue, banane, pomme...).

Smoothie bowl

Coloré, riche en vitamines et déclinable à l'infini, le smoothie bowl est le petit déjeuner idéal des jours d'été ou tout simplement des fans de fruits. Attention, frais !

Préparation : 10 min

Pour 1 verre

Base smoothie
25 à 30 cl de lait végétal non sucré
1 banane congelée
50 g de myrtilles surgelées
150 g de framboise surgelées
1 cuil. à soupe de purée d'amande (ou de cajou)

Topping
kiwi
quinoa soufflé
copeaux de noix de coco
fraises

À l'aide de votre blender ou d'un robot mixeur (puissance minimum de 800 W), mixez tous les ingrédients de la base smoothie pour obtenir une préparation onctueuse.

Rajoutez plus ou moins de lait végétal en fonction de la consistance que vous souhaitez avoir.

À l'aide d'une spatule, transvasez le smoothie dans un bol et décorez-le à votre guise de rondelles de kiwi, copeaux de noix de coco, pistaches concassées, granola...

Astuce

L'intérêt du smoothie bowl est que l'on peut l'adapter en fonction de ses envies et besoins : juste des fruits pour avoir l'estomac léger, ou bien quelques céréales, comme des flocons d'avoine ou du granola, et fruits à coque en topping pour un apport en nutriments plus complet et une satiété plus longue.

Smoothie super healthy à la mangue

Pas le temps le matin, ou pas trop d'appétit ? Ce smoothie riche en oméga-3 fera un petit déjeuner léger et rapide à préparer aussi sain que délicieux !

Préparation : 5 min

Pour 1 verre
150 g de mangue
1 cuil. à soupe de graines de chanvre
1 cuil. à soupe de graines de lin
1 poignée d'épinards
1 banane
100 g de yaourt végétal
20 cl de lait d'amande

Réunissez tous les ingrédients dans votre blender et mélangez jusqu'à obtenir un smoothie bien lisse et onctueux.

Versez dans un grand verre et dégustez aussitôt.

Astuces

Les bananes peuvent s'oxyder au contact des lames du blender et prendre un goût de métal. Limitez le temps dans le blender à quelques secondes.

Pour une texture encore plus onctueuse, utilisez des fruits surgelés.

Jus vert alcalinisant

Les jus verts peuvent dérouter au premier abord, mais leur goût frais et leur richesse en nutriments en font des alliés santé de premier choix. Et cette couleur... n'est-elle pas merveilleuse ?

Préparation : 10 min

Pour 2 verres
½ concombre
3 pommes granny
1 morceau de racine de gingembre
1 citron
3 poignées de pousses d'épinards

Choisissez de préférence des fruits et légumes bio pour ne pas les éplucher, car les pesticides se trouvent souvent dans leur peau.

Rincez et coupez les fruits et légumes en morceaux, retirez la peau du citron et les pépins des pommes. Pelez le gingembre.

Passez tous les ingrédients à l'extracteur de jus ou à la centrifugeuse. À défaut, mixez le tout au blender avec 15 cl d'eau et filtrez ensuite dans une passoire ou une étamine.

Faites passer les feuilles d'épinards dans l'appareil à jus entre deux morceaux de pomme.

Versez dans deux grands verres et dégustez aussitôt, ou au moins dans l'heure qui suit.

Astuces

Pourquoi ne pas ajouter quelques morceaux de fruits sucrés, comme de l'ananas, pour se familiariser avec le goût du jus vert ?

À cause de leur grande fraîcheur et l'absence de conservateurs, les jus doivent être consommés le plus rapidement possible. Ils ne conservent leurs propriétés nutritionnelles qu'une heure environ, même conservés au réfrigérateur.

Ball
WIDE MOUTH

Jus rouge pour teint frais

Ce jus riche en vitamine C (orange sanguine) et en antioxydants (betterave) aide à la production de collagène et à garder une peau souple, rebondie ainsi qu'un teint frais !

Préparation : 10 min

Pour 2 verres
5 oranges sanguines
2 pommes rouges
1 petite betterave
1 morceau de racine de gingembre
glaçons pour servir

Pelez les oranges, le gingembre et la betterave. Coupez les pommes en quartiers et retirez les pépins.

Passez le tout à l'extracteur de jus ou à la centrifugeuse. À défaut, mixez l'ensemble au blender avec 15 cl d'eau et filtrez ensuite dans une passoire ou une étamine.

Versez dans deux grands verres et dégustez aussitôt, ou au moins dans l'heure qui suit.

Astuce

Boire des jus frais deux à trois fois par semaine aide à apporter un concentré de nutriments directement assimilables par notre organisme. L'absence de fibres facilite l'assimilation des vitamines et minéraux dans notre système digestif.

Lait de souchet

Originaire d'Espagne, l'*horchata de chufa* est mon lait végétal PRÉ-FÉ-RÉ ! Les tubercules du souchet sont naturellement sucrés et ont un goût d'amande très prononcé. Un vrai bonbon à l'état pur ! Ils sont aussi très riches en fer, zinc, magnésium et phosphore ainsi qu'en vitamines E et C.

Préparation : 10 min
Réfrigération : 12 h

Pour 2 verres
120 g de tubercules de souchet sec (en magasin bio ou sur Internet)
1 l d'eau
1 pincée de sel
1 cuil. à café d'extrait de vanille

Faites tremper les grains de souchet une nuit entière dans de l'eau.

Le lendemain, égouttez et rincez les grains, puis mettez-les avec l'eau, le sel et la vanille dans le blender.

Mixez à haute vitesse pendant 1 à 2 minutes pour obtenir une texture crémeuse et lisse.

Retirez l'excédent de pulpe à l'aide d'une passoire, d'une étamine ou d'un filtre à café en Nylon.

Cette boisson peut se conserver 24 heures au réfrigérateur.

Astuce

On peut aussi bien déguster cette boisson chaude que froide, nature ou aromatisée avec du cacao, de l'extrait de vanille ou de l'extrait d'amande amère.

Petits déjeuners week-end & brunch

J'adore profiter des week-ends et des longues matinées pour me faire super plaisir au petit déj'. Je vous assure que même en mode vegan, c'est possible ! Il y a tellement de recettes gourmandes à tester, dommage que les week-ends ne soient pas plus longs pour pouvoir toutes les préparer… Moi gourmande ? Pas du tout !

Gaufres aux pépites de chocolat

Ces gaufres sont moelleuses et légères, on ne devinerait jamais qu'elles sont sans œuf ni lait ! Elles sont faciles et rapides à préparer. De quoi satisfaire toute la famille ou ses convives pour un brunch le week-end !

Préparation : 10 min
Cuisson : 10 min

Pour 6 gaufres
200 g de farine de blé T45
1 cuil. à café de levure chimique
3 cuil. à soupe de sucre
3 cuil. à soupe de pépites de chocolat noir
1 pincée de sel
25 cl de lait de soja non sucré
2 cuil. à soupe d'huile de tournesol ou de colza
1 cuil. à café d'extrait de vanille
1 cuil. à soupe de jus de citron

Préchauffez votre gaufrier.

Dans un saladier, versez les ingrédients secs. Versez ensuite le lait de soja tout en fouettant pour éviter la formation de grumeaux.

Incorporez l'huile, l'extrait de vanille et le jus de citron et mélangez bien.

Versez la pâte dans votre gaufrier et laissez cuire 3 minutes environ jusqu'à ce que les gaufres soient dorées.

Servez les gaufres avec du sucre glace, du sirop d'érable ou de la pâte à tartiner.

Astuce

Pour une version classique, retirez simplement les pépites de chocolat.

Pancakes banane & pomme caramélisée

Des pancakes délicieux, moelleux, vegan et sains à la fois, c'est possible ! Le tout avec des ingrédients facilement trouvables. Accompagnée de pommes fondantes, cette recette sera parfaite pour vos brunchs du week-end.

Préparation : 20 min
Cuisson : 40 min

Pour 6 pancakes

Pommes au four
4 pommes chanteclerc
1 cuil. à soupe de sucre
2 cuil. à soupe de margarine végétale
1 pincée de cannelle en poudre

Pâte à pancakes
25 cl de lait végétal
100 g de flocons d'avoine
1 banane
1 cuil. à café d'extrait de vanille
½ cuil. à café de poudre à lever
1 cuil. à soupe de jus de citron
huile de coco pour la cuisson

Pour servir
1 yaourt végétal
sirop d'érable

Pour les pommes au four, préparez un sirop dans une petite casserole en faisant chauffer le sucre avec la margarine, la cannelle et 2 cuillerées à soupe d'eau.

Épluchez et coupez les pommes en quartiers. Disposez-les dans un plat à four en les arrosant du sirop. Enfournez à 180 °C (th. 6) pour 30 minutes, en mélangeant l'ensemble à mi-cuisson.

Pendant ce temps, préparez la pâte à pancakes. Dans un blender ou un mixeur, versez le lait végétal en premier, puis ajoutez le reste des ingrédients. Mélangez à vitesse maximale une dizaine de secondes jusqu'à ce que la pâte soit lisse et homogène.

Dans une poêle préalablement huilée bien chaude, sur feu moyen, versez un peu de pâte. Les pancakes vont naturellement prendre leur forme ronde.

Faites cuire les pancakes environ 1 minute de chaque côté.

Servez avec des pommes au four, le yaourt végétal et arrosez de sirop d'érable.

Astuce

On peut facilement conserver les pancakes au réfrigérateur quelques jours et les réchauffer une vingtaine de secondes au micro-ondes avant de les déguster !

Pain perdu

Cette recette peut faire office de délicieux petit déjeuner ou de brunch. On ne résiste pas à un pain perdu maison, tout le monde tombe sous son charme ! Simple et rapide à réaliser, cette recette permet de sublimer les restes de pain.

Préparation : 15 min
Cuisson : 5 min

Pour 1 personne
2 tranches de pain (rassis ou toasté)

Substitut d'œuf
15 cl de lait végétal
2 cuil. à café de graines de chia
2 cuil. à café de sucre
1 pincée de cannelle en poudre
huile de coco pour la cuisson

Décoration & garnitures
noix, amandes, cajou
pâte à tartiner au chocolat (recette p. 108)
confiture
copeaux de noix de coco

Mélangez le lait avec les graines de chia, le sucre et la cannelle dans une assiette creuse.

Laissez reposer 10 minutes au minimum pour que les graines de chia forment un gel et que le mélange épaississe.

Imbibez les tranches de pain en les trempant dans le mélange, pas trop longtemps.

Dans une poêle préalablement huilée sur feu moyen à fort, faites dorer quelques minutes chaque face du pain.

Servez chaud et garnissez à votre guise.

Crêpes au chocolat

Même une recette aussi traditionnelle que les crêpes est facilement réalisable sans ingrédients d'origine animale pour un résultat bluffant. Légères, fines et souples, ces crêpes sont à déguster au petit déjeuner ou au goûter.

Préparation : 10 min
Cuisson : 20 min

Pour 12 crêpes
100 g de farine de blé
50 g de fécule de maïs
2 cuil. à café de cacao en poudre
35 cl de lait de soja sans sucre ajouté
huile de coco pour la cuisson
fraises en topping

Tamisez la farine, la fécule et le cacao dans un grand bol. Faites un puits au centre et commencez très progressivement à verser du lait sans cesser de fouetter afin d'éviter la formation de grumeaux.

Faites chauffer une poêle antiadhésive à feu moyen. Badigeonnez-la poêle avec un peu d'huile pour que les crêpes ne collent pas. Versez une fine couche de pâte dans la poêle et faites-la pivoter pour former un disque fin.

Laissez cuire jusqu'à ce que la crêpe ne colle plus, puis retournez-la pour cuire l'autre face 1 à 2 minutes.

Empilez les crêpes cuites dans une assiette pour qu'elles ne sèchent pas.

Astuce

Pour une version nature, retirez simplement le cacao de la recette, et utilisez la garniture que vous souhaitez, sucrée ou salée.

Tofu brouillé

Pour changer des petits déjeuners sucrés, pourquoi ne pas essayer la version vegan des œufs brouillés ? Savoureuse, saine et riche en protéines, cette recette est prête en quelques minutes. Elle accompagne à merveille les brunchs ou fera office de petit déjeuner pour les plus sportifs !

Préparation : 10 min
Cuisson : 5 min

Pour 1 personne

Tofu brouillé
100 g de tofu ferme
3 cuil. à soupe d'eau ou de lait végétal non sucré
½ cuil. à café de curcuma en poudre
sel, poivre

Accompagnement
1 poignée d'épinards frais
1 tomate
½ échalote
pain grillé

Émiettez le tofu avec vos doigts, puis faites-le revenir à la poêle avec un peu d'eau ou de lait végétal pour le rendre plus fondant et moelleux.

Ajoutez le curcuma, assaisonnez et mélangez.

Lavez les épinards et essorez-les. Coupez la tomate en dés, émincez l'échalote.

Une fois que le tofu est bien brillant et a l'aspect d'œufs brouillés, intégrez les légumes et faites revenir l'ensemble 1 minute.

Servez avec quelques tranches de pain grillé.

Astuce

Ajoutez 1 cuillerée à soupe de levure de bière maltée dans le tofu pendant la cuisson, pour lui donner une saveur légèrement fromagée et apporter plus de vitamines et minéraux.

Croissants façon tarte à la pomme

Rien de tel que de démarrer la journée avec une petite douceur ! J'adore transformer mes desserts préférés en petit déjeuner, surtout lorsque leur préparation est un jeu d'enfant !

Préparation : 15 min
Cuisson : 20 min

Pour 8 croissants
1 rouleau de pâte à viennoiserie ou feuilletée vegan
1 pomme chanteclerc
1 cuil. à soupe de sucre
20 g de margarine végétale
½ cuil. à café de cannelle en poudre
5-6 noisettes
lait de soja pour la dorure

Préchauffez votre four à 180 °C (th. 6).

Dans un bol, mélangez le sucre, la margarine et la cannelle jusqu'à ce que la margarine ramollisse et que le mélange soit homogène.

Épluchez, puis coupez la pomme en fines lamelles.

Déroulez, puis détaillez la pâte en 8 triangles. Étalez un peu de préparation à base de margarine sur la pâte, en laissant les bords nus. Déposez ensuite quelques lamelles de pomme au centre. Ajoutez quelques noisettes concassées.

Roulez les triangles pour former les croissants, puis disposez-les sur une plaque de cuisson recouverte de papier sulfurisé, soudure vers le bas pour éviter qu'ils s'ouvrent à la cuisson.

À l'aide d'un pinceau, badigeonnez les croissants de lait végétal, puis enfournez-les pour 20 minutes.

Astuce

La plupart des pâtes feuilletées du commerce sont sans produit d'origine animale, sauf, bien sûr, celles qui se réclament d'être au beurre sur le packaging. Vérifiez au cas où la liste des ingrédients, mais de nombreuses références sont végétaliennes, vous en trouverez facilement.

Pâte à tartiner chocolat, noisette, cajou

Il est très facile de faire soi-même sa pâte à tartiner. Le résultat est aussi délicieux que les pâtes à tartiner du commerce, et surtout composé d'ingrédients sains et naturels. Pas de produit laitier dans cette recette mais la noix de cajou lui apporte beaucoup de douceur !

Préparation : 20 min
Cuisson : 10 min

Pour 1 pot de 30 cl
100 g de noisettes
50 g de noix de cajou
100 g de chocolat noir
40 cl de crème de coco
2 cuil. à soupe d'huile de tournesol (ou de coco)
1 gousse de vanille
1 pincée de sel
100 g de sucre complet

Préchauffez votre four à 180 °C (th. 6).

Disposez les noisettes et les noix de cajou en une seule couche sur une plaque de cuisson et toastez-les au four pendant 7 minutes.

Retirez du four et placez-les dans votre robot. Mixez pendant environ 10 minutes, jusqu'à obtenir une texture épaisse et crémeuse. (Vous aurez probablement besoin de vous arrêter et de racler les parois du bol plusieurs fois.)

Pendant ce temps, faites fondre au bain-marie le chocolat dans la crème de coco et l'huile, avec la gousse de vanille fendue et grattée et le sel.

Une fois que le beurre de noix est prêt, ajoutez le chocolat fondu (après avoir retiré la gousse de vanille) ainsi que le sucre dans le blender et mixez jusqu'à obtenir une texture bien lisse.

Transférez dans un pot stérilisé (préalablement ébouillanté 10 minutes et bien séché) et fermez bien. Vous pouvez conserver cette pâte à tartiner au réfrigérateur pendant 2 mois.

Lait d'or

Avez-vous déjà entendu parler de cette boisson ? Elle est faite avec du lait végétal, du curcuma et d'autres épices. Délicieuse et idéale pour profiter d'un moment de détente, elle est aussi pleine de bienfaits pour la santé ! Le curcuma, activé par le poivre, est un anti-inflammatoire et aide à booster notre système immunitaire en cas de petit coup de froid.

Préparation : 5 min
Cuisson : 5 min

Pour 1 verre
25 cl de lait végétal (soja, amande, avoine…)
¾ de cuil. à café de curcuma en poudre
¼ cuil. à café de poivre noir
1 à 2 cuil. à café de sirop d'agave (facultatif)
2 à 3 pistils de safran (facultatif)

Versez un tiers du lait dans une casserole avec les pistils de safran. Faites chauffer sans atteindre l'ébullition.

Ajoutez les épices et mélangez bien l'ensemble. Versez le reste du lait et faites cuire à feu moyen pendant 3 à 5 minutes.

Si vous le souhaitez, sucrez avec un peu de sirop d'agave.

Servez décoré de quelques pistils de safran supplémentaires si vous le souhaitez.

Apéritifs

Je suis toujours ravie quand je suis invitée ou que je reçois, c'est l'occasion de faire découvrir mes petites recettes vegans et de montrer qu'on peut aussi se régaler sans produits animaux ! Je suis plutôt du genre à privilégier la simplicité et la rapidité dans la réalisation, et les apéritifs sont idéaux pour ça.

Crostini de polenta, tomate, ricotta vegan & basilic

Nature ou garnis, les crostini de polenta sont très faciles à faire et constituent une alternative sans gluten au pain généralement présent à tous les apéritifs.

Préparation : 20 min
Réfrigération : 30 à 45 min
Cuisson : 15 min

Pour 30 crostini
200 g de polenta
½ cuil. à café d'ail en poudre ou 1 petite gousse d'ail
150 g de tofu lacto-fermenté (en magasin bio)
2 cuil. à café de levure de bière maltée
20 feuilles de basilic
15 tomates cerise
3 cuil. à soupe d'huile d'olive
sel, poivre

Portez 80 cl d'eau à ébullition dans une casserole avec un peu de sel. Versez la polenta en pluie, l'ail et 2 cuillerées à soupe d'huile d'olive, puis remuez continuellement jusqu'à ce que le mélange épaississe et se décolle des parois.

Versez la polenta dans un moule à cake ou à pain. Laissez refroidir 30 à 45 minutes au réfrigérateur.

Préchauffez votre four à 210 °C (th. 7) en mode gril.

Mixez le bloc de tofu lacto-fermenté à l'aide d'un robot, en ajoutant la levure de bière, une pincée de sel, puis les feuilles de basilic en fin de mixage.

Une fois la polenta refroidie et figée, découpez des tranches d'environ 8 mm d'épaisseur et taillez des rectangles de 3 × 2,5 cm.

Passez la polenta au gril 6 minutes, retournez les crostini et poursuivez la cuisson 3 à 6 minutes, puis laissez refroidir au moins 5 minutes.

Déposez 1 cuillerée à café du mélange de tofu puis une tomate cerise coupée en deux sur chaque crostino.

Rouleaux de printemps, sauce coco, curry, cacahuète

C'est probablement l'une de mes recettes préférées ! Les rouleaux de printemps font des bouchées apéritives magnifiques et pourtant si simples à préparer. De quoi impressionner vos convives !

Préparation : 30 min

Pour 4 rouleaux (16 à 24 bouchées)

Makis
4 feuilles de riz de 30 cm de diamètre
2 carottes moyennes
½ concombre
1 betterave
½ poivron jaune
50 g de nouilles de riz ou de soja
4 à 6 feuilles de laitue
1 poignée de cacahuètes non salées

Sauce coco, curry, cacahuète
200 g de yaourt végétal non sucré
1 petite gousse d'ail
2 cuil. à soupe de crème de coco
1 cuil. à soupe de beurre de cacahuètes
le jus d'½ citron vert
2 cuil. à soupe de sauce soja
2 cuil. à soupe de sirop d'érable
½ cuil. à café de curry en poudre
1 cuil. à café de paprika en poudre

Épluchez les carottes, le concombre et la betterave et coupez tous les légumes le plus finement possible. Aidez-vous d'une mandoline ou d'une râpe si besoin.

Dans un grand bol, placez les nouilles de riz, puis ajoutez de l'eau bouillante, laissez reposer 2 minutes.

Humidifiez un linge propre, posez-le sur votre plan de travail, puis déposer 1 feuille de riz.

Humidifiez-la bien pour qu'elle ramollisse. Placez de la laitue, des lanières de légumes, des nouilles essorées et quelques cacahuètes concassées sur une ligne à 2 cm du bord le plus proche de vous. Roulez ensuite la feuille de riz en rabattant les côtés et en serrant bien sans déchirer la feuille.

À l'aide d'un couteau à la lame mouillée, coupez le rouleau en petites bouchées.

Pour la sauce, mélangez le yaourt végétal avec l'ail écrasé, les épices et les sirops jusqu'à obtenir une crème homogène. Servez-la avec les rouleaux.

Astuce

Ajoutez du tofu dans ces rouleaux de printemps pour les transformer en repas complet et équilibré que vous pourrez emporter pour vos pauses déj' !

Makis simplissimes & sauce soja sucrée

Voilà une recette de makis revisitée en mode vegan et simplifiée ! Ici, on zappe le riz assaisonné pour économiser du temps, ce qui permet de s'y prendre à la dernière minute, et on mise tout sur la sauce soja sucrée express qui nappera à merveille ces makis.

Préparation : 30 min
Cuisson : 17 min

Pour 24 makis
(6 à 8 personnes en bouchées apéritives ; 2 à 3 personnes pour un repas complet)

Makis
100 g de riz à sushis
4 feuilles d'algue nori
½ concombre
1 avocat
2 carottes
4 cuil. à soupe de faux-mage frais à tartiner (recette p. 220)

Sauce soja sucrée
4 cuil. à soupe de sauce soja
4 cuil. à soupe de vinaigre de riz ou de cidre
2 cuil. à soupe de sucre
1 cuil. à café de tapioca ou de fécule de maïs

Rincez le riz à l'eau froide jusqu'à ce que l'eau qui s'écoule soit claire, puis égouttez. Faites cuire le riz dans 30 cl d'eau : portez à ébullition 2 minutes et laissez gonfler 15 minutes à couvert et à petit feu. Pelez et émincez en fines et longues lamelles le concombre, l'avocat et les carottes. Une fois le riz cuit, rincez-le à l'eau froide, puis étalez-le sur chacune des feuilles de nori sur 7 à 8 mm d'épaisseur en laissant 3 cm nori vide sur un bord pour fermer les rouleaux.

Étalez 1 cuillerée à soupe de faux-mage sur le riz, puis disposez en ligne les lamelles de concombre, d'avocat et de carotte. Roulez en serrant (aidez-vous d'une natte de bambou), puis coupez chaque rouleau en huit. Placez au frais jusqu'au moment de servir.

Pour la sauce, mélangez tous les ingrédients dans une casserole à froid avec 15 cl d'eau. Veillez à ce que le tapioca soit bien dissous, puis chauffez le mélange tout en remuant jusqu'à ce qu'il épaississe. Transvasez dans un petit bol pour servir. Dégustez les makis accompagnés de la sauce soja sucrée.

Astuce

Manipulez toujours le riz avec les mains humides pour éviter qu'il colle aux doigts ! Pour rendre les makis plus onctueux, étalez un peu de cream cheese (recette p. 226) sur le riz avant la garniture.

Empanadas argentinas

Les empanadas ont bercé mon enfance ! D'origine argentine, j'ai passé beaucoup de Nouvel An dans ce pays et cette recette était toujours de la partie, je l'associe donc systématiquement à un moment festif ! Elle peut se décliner avec une infinité de garnitures, mais la plus populaire est celle à base de *carne*. Voici la version vegan *sin carne*, validée par des Argentins et qui ne trahit en rien l'originelle !

Préparation : 30 min
Réfrigération : 1 h minimum
Cuisson : 40 min

Pour 15 empanadas
2 rouleaux de pâte feuilletée ou brisée
70 g de protéines de pois texturées
1 petit poivron rouge
1 oignon
½ cuil. à café de cumin en poudre
1 cuil. à café de paprika doux
5-6 olives vertes
20 g de raisins secs
lait de soja nature pour la dorure
2 cuil. à soupe d'huile d'olive
sel, poivre

Réhydratez les protéines de pois dans 20 cl d'eau chaude pendant 5 minutes. Pendant ce temps, coupez le poivron en petits morceaux, émincez l'oignon, puis faites-les revenir dans une poêle avec l'huile d'olive jusqu'à ce que l'oignon devienne translucide et commence légèrement à caraméliser. Ajoutez alors les protéines de pois égouttées, puis le cumin, le paprika, du sel et du poivre.

Coupez les olives vertes et les raisins secs en petits morceaux et ajoutez-les à la préparation. Réservez la farce des empanadas au minimum 1 heure au frais, l'idéal étant toute une nuit.

Une fois la farce refroidie, préchauffez votre four à 180 °C (th. 6), déroulez les pâtes feuilletées et, à l'aide d'un bol ou d'un emporte-pièce, réalisez des cercles de pâte d'environ 9 cm de diamètre.

Au milieu de chaque cercle, déposez 1 cuillerée à soupe de farce. Humidifiez la moitié des bords et pliez les empanadas en soudant bien bord à bord. Vous pouvez replier la pâte entre vos doigts pour former une torsade, ou utiliser les dents d'une fourchette.

Déposez les empanadas sur une plaque recouverte de papier sulfurisé, badigeonnez-les de lait de soja, puis enfournez pour 30 minutes.

Astuce

À la place des protéines de pois, vous pouvez utiliser du seitan haché (recette p. 174), du tofu, des protéines de soja texturées ou du steak végétal du commerce.

Samossas

La cuisine indienne regorge de plats simples, savoureux et vegans ! Ces samossas demandent très peu d'ingrédients et se préparent en un clin d'œil ! À déguster à l'apéritif ou en entrée et pourquoi pas accompagnés d'une sauce raïta (recette p. 132) ?

Préparation : 20 min
Cuisson : 45 min

Pour 18 samossas
6 feuilles de brick
300 g de pommes de terre à chair ferme
150 g de petits pois frais ou surgelés
½ cuil. à café de graines de moutarde
½ cuil. à café de graines de cumin ou de carvi
1 cuil. à soupe d'huile végétale
3 cuil. à soupe de lait de soja
sel

Épluchez les pommes de terre, coupez-les en dés, puis faites-les cuire à la vapeur ou dans l'eau pendant 15 minutes.

Dans une autre casserole d'eau bouillante, faites cuire les petits pois 7 minutes.

Faites revenir les graines de moutarde dans l'huile végétale pendant 3 minutes.

Dans un bol, écrasez grossièrement les pommes de terre, puis ajoutez les graines de moutarde, le cumin, 1 pincée de sel, le lait de soja et les petits pois, mélangez bien.

Préchauffez votre four à 180 °C (th. 6). Coupez les feuilles de brick en bandes rectangulaires de 8 cm de large.

À l'extrémité de chaque bande, déposez 2 cuillerées à soupe de farce, puis repliez la pâte en angle droit pour former un triangle et ainsi de suite jusqu'à totalement enfermer la farce. Fermez le samossa en rabattant le dernier bout de pâte à l'intérieur du triangle.

Déposez les samossas sur une plaque recouverte de papier sulfurisé, puis enfournez pour 20 minutes.

Houmous

Qui dit apéritif dit houmous ! C'est un incontournable autant apprécié pour les apéritifs dînatoires que dans les assiettes composées de l'été. En plus d'être délicieux, il apporte beaucoup de bienfaits puisqu'il est riche en protéines et minéraux.

Préparation : 5 min

Pour 1 bol

1 petite boîte de pois chiches
2 cuil. à café de tahini (pâte de sésame)
2 cuil. à soupe d'huile de colza
1 cuil. à soupe de jus de citron
½ cuil. à café de sel

Décoration

paprika en poudre
huile d'olive extra-vierge
2-3 tiges de persil plat

Commencez par rincer et égoutter les pois chiches.

Mettez tous les ingrédients dans votre robot ou blender avec 2 cuillerées à soupe d'eau. Mixez à puissance maximale jusqu'à obtenir une texture lisse et homogène.

Versez dans un bol, puis décorez à votre guise, servez avec des tranches de baguette ou des bâtonnets de crudités.

Vous pouvez conserver ce houmous 3 à 4 jours au réfrigérateur.

Astuce

Pour améliorer la digestion, vous pouvez peler les pois chiches. Pour cela, remplissez un grand saladier d'eau et mettez-y les pois chiches. Frottez-les sous l'eau entre vos mains, la pellicule qui les entoure va partir et remonter à la surface de l'eau. Vous n'aurez plus qu'à les retirer, puis à égoutter les pois chiches.

Houmous de lentilles corail

Les variantes du houmous sont infinies ! Une de mes préférées est celle à base de lentilles corail et de poivron, riche en vitamine C. Un délice doux et relevé grâce au curry !

Préparation : 10 min
Cuisson : 25 min

Pour 1 bol
100 g de lentilles corail
1 poivron rouge
1 cuil. à soupe d'huile de colza
1 cuil. à café de curry en poudre
½ cuil. à café de sel

Préchauffez votre four à 220 °C (th. 7/8). Lavez et séchez le poivron. Placez-le entier (avec le pédoncule) sur une plaque recouverte de papier sulfurisé. Enfournez pour environ 10 minutes.

Sortez le poivron du four et laissez reposer quelques instants pour que la peau se détache mieux. Retirez la peau en vous aidant de la pointe d'un couteau. Ôtez le pédoncule et les graines à l'aide d'un couteau. Réservez la chair du poivron.

Dans une casserole d'eau bouillante, versez les lentilles corail et faites-les cuire pendant 15 minutes. Égouttez-les et laissez refroidir.

Dans un robot, placez tous les ingrédients et mixez à puissance maximale jusqu'à l'obtention d'une texture bien lisse et homogène.

Vous pouvez conserver ce houmous 3 à 4 jours au réfrigérateur.

Astuce

Si vous trouvez de la purée de cajou, ou que vous en fabriquez vous-même, n'hésitez pas à en ajouter 1 cuillerée à soupe dans ce houmous. Cela relèvera encore plus ses saveurs douces et sucrées.

Guacamole

Le guacamole est un grand classique et probablement ma recette favorite pour tremper quelques crudités ou tartiner des toasts. Il se prépare en 5 minutes et l'avocat est l'aliment healthy par excellence avec ses bons lipides et ses fibres.

Préparation : 5 min

Pour 1 bol

4 avocats mûrs
le jus d'1 citron vert
1 tomate moyenne
1 oignon blanc
3 tiges de coriandre fraîche
¼ de cuil. à café de cumin en poudre
1 pointe de piment ou chili en poudre
sel

Ouvrez les avocats en deux et récupérez la pulpe dans un bol, puis écrasez-la grossièrement à la fourchette. Citronnez.

Épépinez et coupez la tomate en dés, émincez l'oignon finement, ciselez la coriandre.

Mélangez bien tous les ingrédients dans le bol, assaisonnez, puis goûtez pour rectifier en piment et sel selon votre goût.

Recouvrez le bol de film alimentaire au contact pour éviter que l'avocat s'oxyde, puis réfrigérez jusqu'au moment de servir.

Sauce salsa à la mangue

Si vous aimez les mélanges sucrés-salés, vous allez adorer cette recette ! Rien de mieux qu'une sauce savoureuse aux couleurs vibrantes pour accompagner vos apéritifs, vos salades ou n'importe quel plat d'inspiration mexicaine !

Préparation : 10 min

Pour 1 bol

1 mangue mûre
1 poivron rouge
200 g de tomates cerise
1 oignon rouge
1 gousse d'ail
3 tiges de coriandre ou de persil
3 cuil. à soupe de jus de citron vert
½ cuil. à café de sel de mer

Coupez la mangue en cubes, réservez dans un grand bol.

Détaillez le poivron et les tomates en cubes également, hachez grossièrement l'oignon, l'ail et la coriandre. Mélangez bien tous les ingrédients dans le bol.

Ajoutez le jus de citron vert et le sel, mélangez bien, puis goûtez pour rectifier selon votre goût.

Servez comme une salade ou avec des chips tortillas en apéritif. Réfrigérez avant de servir.

Raïta

D'origine indienne, cette sauce fraîche est super saine ! Le yaourt végétal est l'ingrédient idéal pour obtenir une sauce onctueuse et crémeuse sans ajout de matière grasse.

Préparation : 10 min

Pour 1 bol

300 g de yaourt végétal non sucré (recette p. 222)
10 tomates cerise
5 tiges de coriandre
1 petite gousse d'ail
½ cuil. à café de cumin en poudre
1 pincée de sel

Hachez la coriandre très finement, puis mélangez-la au yaourt végétal. Ajoutez le sel, la gousse d'ail écrasée et le cumin.

Coupez les tomates cerise en petits dés, puis ajoutez-les à la préparation.

Laissez reposer au frais et servez la raïta avec des naans (recette p. 134) ou des samossas (recette p. 122).

Naans

Ces galettes indiennes sont moelleuses et gourmandes à souhait. Elles remplacent le pain pour plus d'originalité dans l'assiette ! On peut les utiliser en apéritif ou en plat principal, à tremper ou à garnir.

Préparation : 20 min
Cuisson : 5 min
Repos : 1 à 2 h

Pour 6 naans
8 g de levure boulangère
500 g de farine de blé
1 cuil. à café de sel
1 cuil. à soupe de sucre
4 cuil. à soupe d'huile végétale
125 g de yaourt végétal nature non sucré
10 g de margarine végétale

Diluez la levure dans 18 cl d'eau à température ambiante, laissez reposer 5 minutes. Tamisez la farine dans un saladier, ajoutez le sel et le sucre, puis faites un puits au milieu et versez-y l'huile, le yaourt et la levure diluée.

Mélangez en partant du centre et en incorporant petit à petit la farine. Pétrissez la pâte à la main ou à l'aide d'un robot pendant 5 minutes, elle doit être souple et non collante. Si besoin, ajoutez de l'eau ou de la farine pour ajuster la consistance. Recouvrez la pâte d'un linge et laissez-la lever pendant 1 à 2 heures à température ambiante.

Formez 6 petites boules, puis étalez-les à l'aide d'un rouleau à pâtisserie sur un plan de travail fariné pour obtenir des disques de 20 cm de diamètre. Laissez reposer pendant 5 minutes avant de repasser un coup de rouleau, sinon la pâte aura tendance à se rétracter.

Faites cuire les naans un à un dans une poêle antiadhésive chaude à couvert en les retournant après 5 minutes de cuisson. Les faces doivent être bien dorées.

Pour rendre les naans plus moelleux, badigeonnez-les d'une fine couche de margarine après cuisson.

Astuce

Pour des cheese naans, étalez les boules très finement en ovales, ajoutez du faux-mage (du commerce ou recette p. 216) d'un côté, repliez l'autre moitié par-dessus et scellez les côtés en pressant bord à bord avec vos doigts.

Comfort & finger food

Alimentation vegan ne veut pas toujours dire salades, diet' et légumes, on peut aussi se faire plaisir ! Qui renoncerait à un bon burger ou une pizza ? Pas moi, en tout cas ! Les versions vegans des plats les moins vegans sont non seulement aussi bonnes que les originelles, mais aussi bien meilleure pour la santé.

Filets croustillants de tofu

Nuggets ou tenders sont tout à fait possibles en version végétale. Le tofu remplace à merveille la viande de poulet. Ces filets sont tendres à l'intérieur et croustillants à souhait à l'extérieur grâce aux corn-flakes. Essayez, ça change de la panure classique !

Préparation : 20 min
Cuisson : 10 min

Pour 2 à 3 personnes
400 g de tofu (2 blocs)
65 g de farine de blé (ou fécule de maïs pour une version sans gluten) + pour enrober les morceaux de tofu
2 cuil. à soupe de sauce soja
½ cuil. à café de poivre
½ cuil. à café d'ail en poudre
1 cuil. à café de paprika en poudre
½ cuil. à café de sel
corn-flakes non sucrés
50 cl d'huile de tournesol pour la friture

Dans un bol, mélangez la farine, 20 cl d'eau, la sauce soja, le poivre, l'ail, le paprika et le sel pour obtenir une pâte épaisse, lisse et onctueuse. Cette préparation servira à enrober les morceaux de tofu avant de les paner.

Taillez chaque bloc de tofu en deux dans l'épaisseur. Coupez ensuite le tofu en morceaux à la forme désirée. Farinez-les légèrement pour permettre une meilleure adhérence de la panure.

Concassez grossièrement les corn-flakes en les écrasant dans un sac de congélation, transvasez le tout dans une assiette creuse.

Trempez chaque morceau de tofu d'abord dans la préparation à base de farine, puis dans la panure de corn-flakes. Disposez-les dans une assiette en les espaçant bien.

Dans une casserole, faites chauffer 3 cm d'huile et faites dorer les morceaux de tofu, environ 5 minutes de chaque côté. L'huile ne doit pas être trop chaude, restez sur feu moyen. Une fois les morceaux de tofu bien dorés, disposez-les sur du papier absorbant.

Frites de patate douce croustillantes

La patate douce est idéale pour changer de la pomme de terre et apporter un peu de couleur ! Elle est plus riche en fibres, en vitamine A et en vitamine C. Eh oui, même quand on parle de frites, c'est important de choisir des ingrédients sains !

Préparation : 25 min
Repos : 20 min
Cuisson : 30 à 40 min

Pour 2 personnes
500 g de patates douces (2 moyennes)
1,5 cuil. à soupe de fécule de maïs
¼ cuil. à café de cumin en poudre
¼ de cuil. à café de cannelle en poudre
½ cuil. à café de paprika en poudre
1 cuil. à soupe d'huile de colza ou de tournesol ou de coco
sel

Pelez les patates douces et coupez-les dans la longueur pour obtenir des frites d'environ 0,5 cm de largeur. Elles ne doivent pas être trop épaisses sinon elles resteront molles.

Faites tremper les frites de patate douce dans de l'eau froide pendant 20 minutes.

Pendant ce temps, dans un petit bol, mélangez les épices et la fécule de maïs, n'ajoutez pas de sel à cette étape.

Retirez les frites de l'eau, rincez-les et séchez-les avec un torchon. Placez-les ensuite dans un sac de congélation avec les épices et la fécule de maïs. Fermez en laissant de l'air, puis secouez jusqu'à ce que toutes les frites soient bien enrobées d'épices.

Ajoutez l'huile végétale dans le sac de congélation, et secouez à nouveau pour bien répartir l'huile sur les frites.

Disposez les frites sur la plaque de cuisson en une seule épaisseur et en les espaçant bien, sinon elles ne seront pas croustillantes.

Enfournez pour 30 à 40 minutes à 180 °C (th. 6) en chaleur tournante. Au bout de 20 minutes, retournez doucement les frites de l'autre côté. Si vous avez quelques petites frites, retirez-les un peu plus tôt.

Saupoudrez de sel une fois la cuisson terminée et accompagnez si vous le souhaitez de mayonnaise au safran, de pesto et de persil plat.

Wedges

Faites maison et au four, elles sont beaucoup moins grasses que celles que l'on trouve dans le commerce. À picorer sans hésitation devant un bon film en compagnie d'un burger…

Préparation : 10 min
Cuisson : 20 à 25 min

Pour 2 personnes
4 grosses pommes de terre
1 cuil. à café de paprika fumé
1 pincée de sel

Préchauffez votre four à 220 °C (th. 7).

Rincez les pommes de terre, séchez-les bien à l'aide d'un torchon, puis coupez-les en quartiers sans les éplucher.

Dans un grand bol, mélangez les quartiers de pomme de terre et le paprika, il faut que le paprika recouvre bien la chair des pommes de terre.

Déposez les pommes de terre sur une plaque recouverte de papier sulfurisé en les espaçant bien.

Enfournez pour 20 à 25 minutes, retournez les pommes de terre à mi-cuisson pour qu'elles cuisent bien uniformément.

Servez accompagné de ketchup ou de mayonnaise végétale (recette p. 154).

Burger de lentilles

Je n'ai jamais mangé autant de burgers que depuis que je suis vegan ! Heureusement, les veggie burgers sont bien plus sains que ceux à base de viande et fromage. Ces galettes de lentilles sont riches en fer et protéines, et peuvent aussi bien se manger seules que dans un bon burger !

Préparation : 15 min
Repos 10 min
Cuisson : 6 min

Pour 2 personnes
2 pains à burger

Steak de lentilles
1 petite boîte de lentilles (265 g égouttée)
25 g de betterave crue
30 g de noix
1 cuil. à café de moutarde
1 cuil. à soupe de sauce soja
30 g de chapelure
1 cuil. à soupe d'huile de tournesol
sel

Sauce moutarde
3 cuil. à soupe de moutarde
3 cuil. à soupe de sirop d'érable
1 cuil. à café de curry en poudre

Garniture
laitue
tomates
oignons rouges caramélisés

Dans un robot, mixez les lentilles égouttées, la betterave, les noix concassées, la sauce soja, la moutarde et 1 pincée de sel jusqu'à obtenir un hachis grossier.

Versez la préparation dans un grand bol et ajoutez la chapelure. Mélangez et laissez reposer pendant 10 minutes pour que la chapelure absorbe l'humidité.

Formez 2 steaks entre vos mains et faites-les cuire à la poêle dans l'huile, environ 3 minutes de chaque côté.

Préparez la sauce dans un bol en mélangeant la moutarde, le sirop d'érable et le curry.

Garnissez vos burgers avec les ingrédients de votre choix et un peu de sauce moutarde.

Pizza courgette pepperoni vegan

Au sommet de la liste de la comfort food, on trouve bien sûr la pizza ! De la courgette en guise de pepperoni ? On pourrait croire à une blague mais le résultat est bluffant !

Préparation : 25 min
Réfrigération : 1 nuit
Cuisson : 30 min

Pour 1 pizza

Pâte
250 g de farine de blé
2 cuil. à café de levure chimique
1 pincée de sel
1 cuil. à soupe d'huile d'olive

Garniture
1 courgette
2 cuil. à soupe de sauce barbecue
2 cuil. à soupe de sauce soja ou de tamari
2 cuil. à soupe de sauce tomate
faux-mage vegan (recette p. 216)
quelques branches de persil plat
1 petite botte d'oignons nouveaux

Préchauffez votre four à 160 °C (th. 5/6). Préparez la courgette pepperoni : lavez et coupez finement la courgette en rondelles.

Dans un plat allant au four, mélangez la sauce barbecue avec le tamari. Ajoutez les rondelles de courgette et mélangez de façon à bien les recouvrir.

Enfournez pour 10 à 15 minutes. Laissez refroidir à la sortie du four, puis placez au réfrigérateur pendant toute une nuit.

Le lendemain, préparez la pâte à pizza : versez la farine, la levure, le sel, 12 cl d'eau et l'huile d'olive dans un grand bol et pétrissez bien. Vous devez obtenir une pâte légèrement collante et souple. Laissez-la reposer pendant quelques minutes.

Préchauffez le four à 200 °C (th. 6/7). Étalez la pâte à la forme désirée.

Répartissez la sauce tomate sur le dessus, ajoutez les courgettes marinées. Terminez avec du faux-mage. Vous pouvez bien sûr en utiliser autant que vous le souhaitez !

Enfournez pour 12 à 15 minutes jusqu'à ce que la pâte soit bien dorée. Avant de servir, parsemez d'oignon nouveau et de persil finement ciselés.

Buffalo wings de chou-fleur & sauce ranch

Difficile d'imaginer que le chou-fleur puisse remplacer le poulet, et pourtant, grâce aux fabuleuses sauces buffalo et ranch, on n'y voit que du feu et c'est un régal ! (Sans oublier le hashtag #healthy...)

Préparation : 25 min
Cuisson : 20 min

Pour 2 personnes

Sauce ranch
1 tasse de noix de cajou
1 cuil. à soupe de sirop d'érable
1 cuil. à soupe de jus de citron
1 cuil. à soupe de vinaigre de vin blanc ou de cidre ou de riz
1 cuil. à café de poudre d'ail
1 cuil. à café de poudre d'oignon
½ cuil. à café de sel

Wings
1 tête de chou-fleur
1 tasse de farine
2 à 3 tasses de lait de soja non sucré ou de lait d'amande
2 tasses de chapelure

Sauce buffalo
10 cl de sauce barbecue
10 cl de vinaigre de vin blanc ou de cidre ou de riz
1 cuil. à soupe de poudre de chili
1 cuil. à café de paprika en poudre
½ cuil. à café de piment de Cayenne
1 cuil. à soupe de poudre d'ail
½ cuil. à café de poivre
¼ de cuil. à café de sel
½ cuil. à café de sirop d'agave
1 cuil. à soupe de fécule de maïs
2 cuil. à soupe d'huile de colza

Préparez la sauce ranch : placez tous les ingrédients dans un robot mixeur. Commencez à mélanger à forte vitesse en versant 6 cl d'eau au fur et à mesure jusqu'à obtenir la consistance souhaitée. Réservez dans un bol.

Préchauffez votre four à 180 °C (th. 6) en chaleur tournante. Hachez le chou-fleur pour obtenir des morceaux de la taille de bouchées. Mettez la farine dans un grand bol et fouettez avec le lait de soja jusqu'à obtenir une consistance de pâte à crêpes.

Placez la chapelure dans un autre grand bol. Trempez chaque morceau de chou-fleur dans la pâte, puis enrobez-les de chapelure.

Placez les wings de chou-fleur sur une plaque recouverte de papier sulfurisé et enfournez pour 10 minutes environ, jusqu'à ce qu'ils commencent à se colorer.

Pendant que le chou-fleur cuit, mélangez tous les ingrédients de la sauce buffalo dans un bol, puis versez-la dans une poêle et faites-la revenir, en remuant, à feu moyen pendant environ 5 minutes. Elle doit légèrement bouillir et épaissir. Sortez-la du feu et réservez.

Une fois les choux-fleurs cuits, trempez-les un par un dans la sauce buffalo et remettez-les au four 5 minutes de plus. Au bout de ce temps, ils sont prêts à être dégustés, plongés dans la délicieuse sauce ranch !

Tofu panda

Elle fait partie du top 5 de mes recettes les plus appréciées sur ma chaîne et mon blog, je devais forcément la mettre dans ce livre ! Le secret de cette recette, c'est sa sauce sucrée-salée d'inspiration asiatique, qui vient napper les morceaux de tofu croustillants.

Préparation : 15 min
Cuisson : 20 min

Pour 2 personnes

200 g de tofu nature
50 g de fécule de maïs
huile de tournesol (pour la friture)
ciboulette

Sauce à l'orange

1 oignon
50 g de sucre brun
30 g de vinaigre de riz
2 cuil. à soupe de tamari
1 gousse d'ail
le jus d'1 orange (15 cl)
½ cuil. à café de gingembre en poudre
2 cuil. à café de fécule de maïs

Coupez le tofu en petits cubes. Dans une assiette creuse, versez la fécule de maïs. Ajoutez les cubes de tofu et enrobez-les bien de fécule.

Dans un wok ou une grande poêle, faites frire les cubes de tofu dans l'huile de tournesol à feu moyen, jusqu'à ce qu'ils soient légèrement brunis et bien croustillants (environ 10 minutes), puis réservez.

Préparez la sauce dans la même poêle : faites revenir l'oignon émincé, et lorsqu'il commence à être tendre et translucide, ajoutez le sucre, le vinaigre, le tamari, la gousse d'ail hachée, le jus d'orange, le gingembre et la fécule délayée dans 3 cuillerées à soupe d'eau froide. Versez 10 à 15 cl d'eau, remuez bien et laissez cuire à feu moyen jusqu'à ce que la sauce épaississe, environ 10 minutes.

Ajoutez les morceaux de tofu dans la poêle, nappez-les de sauce et servez accompagné de riz et de ciboulette pour la décoration.

Bacon végétal

Pour certains, le bacon, c'est sacré ! Mais avec cette version vegan, il y a fort à parier qu'il ne vous manquera même pas. Il peut se déguster seul, dans un english breakfast avec du tofu brouillé et des haricots blancs, sur une pizza ou en décoration de plats.

Préparation : 5 min
Cuisson : 5 min

Pour 12 tranches environ
4 feuilles de riz

Marinade
2 cuil. à soupe de sauce soja ou de tamari
2 cuil à soupe de levure de bière maltée
2 pincées d'ail en semoule
2 cuil. à soupe de sauce barbecue
2 cuil à soupe d'huile de tournesol (ou de colza ou huile neutre)

Préchauffez le four à 180 °C (th. 6).

Mélangez tous les ingrédients de la marinade. Trempez dedans les feuilles de riz coupées en trois. Placez-les sur une plaque recouverte de papier sulfurisé.

Enfournez pour quelques minutes, le temps que les feuilles durcissent et soient croustillantes. Surveillez la cuisson pour éviter qu'elles brûlent.

Mayonnaise végétale

Dépourvue d'acides gras saturés et de cholestérol, la mayonnaise végétalienne est plus saine que sa version classique. Vous n'avez besoin que de 4 ingrédients pour la préparer en à peine quelques minutes !

Préparation : 5 min
Réfrigération : 2 h

Pour 1 pot de 50 cl
25 cl d'huile de tournesol
12,5 cl de lait de soja non sucré
1 cuil. à soupe de vinaigre de cidre
1 pincée de sel

L'huile et le lait de soja doivent être à la même température, placez-les minimum 2 heures à l'avance au réfrigérateur.

Versez tous les ingrédients dans la cuve du blender, sauf l'huile. Mélangez pendant 5 secondes, puis versez l'huile au fur et à mesure en un fin filet, jusqu'à épaississement.

Ajoutez plus de sel si nécessaire, puis laissez reposer au frais pendant minimum 2 heures pour qu'elle se tienne.

Conservez cette mayonnaise dans un récipient hermétique au réfrigérateur pendant environ 4 jours.

Astuces

Cette recette fonctionne également avec d'autres types d'huile, de colza ou d'olive extra-vierge, bien qu'elles aient une saveur très forte.

Vous pouvez utiliser du jus de citron à la place du vinaigre de cidre et ajouter de la moutarde pour rendre la mayonnaise plus savoureuse et moins blanche.

Si vous ajoutez une gousse d'ail au début, vous obtiendrez un délicieux aïoli végétalien.

Salades & bowls

Les salades et les veggie bowls sont très souvent au menu de mes repas du midi ! Ils sont parfaits pour avoir sa dose de légumes, faire le plein d'énergie, de vitamines et minéraux, rapides et super pratiques à emporter pour déjeuner au travail.

Salade composée & sa sauce coco, cacahuète, curry

Salade ne rime pas toujours avec fade, celle-ci en est la preuve : riche, colorée et évidemment très saine, elle est sublimée par une délicieuse sauce aux notes asiatiques. Elle est devenue une de mes recettes fétiches, pas une semaine ne passe sans que je la prépare !

Préparation : 15 min
Cuisson : 15 min

Pour 2 personnes

Sauce coco, cacahuète, curry

25 cl de yaourt végétal à la coco (recette p. 224)
1 cuil. à soupe de beurre de cacahuètes
le jus d'1 citron
1 cuil. à soupe de sauce soja (ou tamari qui est sans gluten)
1 cuil. à café de curry en poudre
3 cuil. à café de paprika doux en poudre
1 cuil. à soupe de sucre de coco (ou autre ingrédient sucrant)
1 petite gousse d'ail
20 feuilles de persil frais (ou de coriandre)

Salade

3 petites pommes de terre
120 g de nouilles de soja (poids sec)
6 feuilles de laitue
2 carottes
1 concombre
1 poivron rouge
1 poignée de cacahuètes non salées
menthe fraîche
oignons frits en topping (facultatif)

Préparez la sauce : placez tous les ingrédients dans un blender et mixez jusqu'à l'obtention d'une sauce bien lisse et crémeuse. Transvasez dans un contenant fermant hermétiquement et conservez au réfrigérateur 1 semaine maximum.

Pelez et coupez les pommes de terre en dés. Faites-les cuire à la vapeur ou dans de l'eau bouillante pendant 15 minutes, jusqu'à ce qu'elles soient fondantes. Laissez refroidir.

Dans un grand bol, déposez les nouilles de soja, versez de l'eau bouillante jusqu'à les recouvrir. Laissez reposer pendant 2 minutes, puis égouttez les pâtes et laissez refroidir.

Lavez et pelez tous les légumes. Ciselez les feuilles de laitue, râpez la carotte, détaillez le concombre et le poivron en cubes. Réunissez tous les éléments dans une grande creuse assiette.

Arrosez de sauce coco, puis saupoudrez de quelques cacahuètes concassées et de menthe ciselée.

Salade de patates douces à la marocaine

Le meilleur moyen de ne pas s'ennuyer avec une salade est de la rendre ultra savoureuse et donc de jouer avec les épices et les textures ! Avec le fondant des patates douces et les arômes riches du cumin, cette salade nous invite au voyage !

Préparation : 25 min
Cuisson : 35 min

Pour 2 personnes
2 patates douces moyennes
150 g de pois chiches en boîte
2 cuil. à soupe d'huile d'olive
1 cuil. à café de cumin moulu
10 feuilles de menthe fraîche
10 feuilles de persil plat
10 tomates cerise
½ oignon rouge
5 dattes medjool ou mazafati
10 amandes non salées

Sauce citron vert et persil
le zeste et le jus d'1 citron vert bio
30 feuilles de persil frais
1 pincée de chili en poudre
4 cuil. à soupe d'huile d'olive
1 cuil. à café de moutarde de Dijon
sel, poivre

Préchauffez le four à 200 °C (th. 6/7) et recouvrez une plaque de cuisson de papier sulfurisé.

Pelez et coupez les patates douces en cubes, puis placez-les sur la moitié de la plaque.

Dans un bol, mélangez les pois chiches rincés et égouttés, l'huile d'olive et le cumin, puis déposez l'ensemble sur l'autre moitié de la plaque. Enfournez les pois chiches pour 15 minutes et la patate douce pour 30 minutes.

Hachez le persil et la menthe. Coupez les tomates cerise en deux, émincez finement l'oignon rouge et taillez les dattes en fines tranches.

Pour la sauce, mettez tous les ingrédients dans un mixeur et faites tourner à forte vitesse pour obtenir un mélange lisse et onctueux. Rectifiez l'assaisonnement si besoin

Mélangez tous les ingrédients de la salade dans un plat, ajoutez les amandes concassées. Arrosez de sauce citron vert et persil.

Buddha bowl

Le buddha bowl est le repas express et sain par excellence ! Rien de plus simple que d'assembler des crudités colorées, une part de riz pour les céréales et du tempeh pour les protéines.

Préparation : 20 min
Cuisson : 15 min

Pour 1 bol
150 g de riz cuit au choix : basmati, noir ou à sushis
1 carotte
⅓ de concombre
4 radis
½ avocat
graines de sésame

Tempeh
150 g de tempeh
1 cuil. à soupe d'huile de tournesol
1 cuil. à soupe de tamari (sans gluten) ou de sauce soja
1 cuil. à soupe de vinaigre de riz
1 cuil. à soupe de sirop d'érable
1 cuil. à café de fécule de maïs
1 petite gousse d'ail
sel, poivre

Coupez le tempeh en morceaux égaux, puis faites-les frire à la poêle dans de l'huile chaude jusqu'à ce qu'il soit croustillant et légèrement coloré des deux côtés.

Mélangez le reste des ingrédients pour le tempeh dans un bol avec 4 cuillerées à soupe d'eau et la gousse d'ail écrasée, puis versez la préparation dans la poêle avec le tempeh. Laissez cuire 3 minutes tout en mélangeant jusqu'à ce que la sauce épaississe.

Pelez la carotte et le concombre. Râpez finement la carotte, taillez le concombre et les radis en rondelles. Tranchez finement le demi-avocat. Réunissez tous les éléments avec le riz cuit et les morceaux de tempeh dans votre bol. Assaisonnez à votre convenance.

Gardez le reste de la sauce du tempeh pour la garniture et saupoudrez de graines de sésame.

Burrito bowl

**On peut évidemment varier ses bowls à l'internationale !
Cette version est inspirée du fameux burrito de la cuisine tex mex !**

Préparation : 20 min
Cuisson : 15 min

Pour 1 bol
40 g de quinoa (poids sec)
1 cuil. à soupe d'huile d'olive
½ cuil. à café de mélange d'épices mexicaines (cumin, chili, paprika coriandre...)
60 g de haricots noirs ou rouges en conserve
40 g de maïs en conserve
½ avocat
le jus d'½ citron vert
5-6 tomates cerise
3 à 6 feuilles de laitue ou 1 poignée de pousses d'épinards
1 cuil. à soupe de yaourt végétal (recette p. 222)
coriandre ou persil plat frais
sel, poivre

Rincez bien le quinoa. Faites-le cuire dans trois fois son volume d'eau, à couvert, pendant 15 minutes à feu moyen. Une fois l'eau totalement absorbée, ajoutez l'huile d'olive et les épices.

Rincez et égouttez les haricots et le maïs. Détaillez le demi-avocat en dés et citronnez-le aussitôt. Coupez les tomates cerise en deux, taillez les feuilles de laitue en lanières, ciselez les herbes.

Réunissez tous les éléments avec le yaourt végétal dans votre bol. Assaisonnez à votre convenance.

Salade de lentilles à la grecque

La salade grecque est un classique absolument délicieux. Pour en faire un repas complet (à emporter le midi, par exemple), l'idéal est d'ajouter une source de glucides complexes, riches en fibres et minéraux, comme les lentilles !

Préparation : 15 min

Pour 2 personnes
1 petite boîte de lentilles vertes
⅓ de concombre
2 tomates
½ oignon rouge
½ poivron vert
40 g de tofu lacto-fermenté aux herbes
olives noires dénoyautées

Assaisonnement
1 cuil. à café d'herbes de Provence
2 cuil. à soupe d'huile d'olive
2 cuil. à café de tahini (purée de sésame)
1 petite gousse d'ail
sel, poivre

Rincez et égouttez les lentilles, versez-les dans un grand saladier.

Dans un petit bol, versez les ingrédients de l'assaisonnement, écrasez la gousse d'ail et émulsionnez l'ensemble.

Pelez le concombre et coupez tous les légumes en dés ainsi que le tofu lacto-fermenté. Ajoutez-les dans le saladier avec l'assaisonnement, mélangez bien l'ensemble.

Servez bien frais.

Astuce

Vous pouvez aussi utiliser des lentilles sèches, que vous ferez cuire vous-même : 80 g de lentilles dans 1 litre d'eau non salée pendant 45 minutes.

Salade de quinoa à la mangue

Cette salade de *quinoa* est rafraîchissante et légère tout en étant riche en protéines et en antioxydants. Et la mangue apporte une touche d'exotisme. Un mariage sucré-salé à découvrir !

Préparation : 10 min
Cuisson : 15 min

Pour 2 personnes
100 g de quinoa (poids sec)
150 à 200 g de mangue
8-10 tomates cerise
1 échalote
3 poignées de feuilles d'épinards
1 cuil. à café de graines de tournesol
1 cuil. à café d'épices marocaines
1 cuil. à soupe d'huile d'olive
le jus d'1 citron vert
feuilles de basilic
sel

Rincez bien le quinoa. Faites-le cuire dans trois fois son volume d'eau, à couvert, pendant 15 minutes à feu moyen. Égouttez et rincez à l'eau froide pour refroidir.

Coupez la mangue en cubes, les tomates cerise en deux et émincez finement l'échalote.

Réunissez tous les ingrédients dans un grand bol et mélangez bien pour que les épices soient uniformément réparties. Assaisonnez à votre convenance.

Servez bien frais.

Plats principaux

L'une des grandes questions que l'on se pose quand on veut se lancer dans la vegan food, c'est : « Mais qu'est-ce que je vais bien pouvoir manger au quotidien ? » Pourtant, le fait de retirer les ingrédients d'origine animale m'a permis d'être beaucoup plus inventive en cuisine, et surtout d'expérimenter une grande quantité d'ingrédients qui m'était jusqu'alors inconnus : que ce soit en revisitant les classiques français ou en découvrant les cuisines d'autres cultures, il est impossible de s'ennuyer avec la cuisine vegan !

Lasagnes à la bolognaise végétale

Grande quantité, ingrédients basiques, faciles à préparer et délicieux, les plats familiaux ont tout bon et ils sont super simples à véganiser. C'est le cas avec ces lasagnes ! Une recette basique de mes meal prep !

Préparation : 20 min
Cuisson : 50 min

Pour 6 personnes
10 à 12 feuilles de lasagnes
crème de soja épaisse
levure de bière maltée
laitue

Sauce bolognaise végétale
2 oignons rouges
1 gousse d'ail
200 g de carottes
100 g de noix de cajou
2 boîtes de chair de tomate
5-6 feuilles de basilic frais
herbes de Provence
1 cuil. à soupe de sauce soja
3 cuil. à soupe d'huile d'olive
sel, poivre

Émincez les oignons et écrasez la gousse d'ail, puis faites-les revenir dans une poêle avec l'huile d'olive.

Pelez et coupez les carottes en brunoise. Lorsque les oignons deviennent translucides, ajoutez les carottes dans la poêle.

Réduisez les noix de cajou en petits morceaux au couteau, puis intégrez-les dans la poêle avec la chair de tomate, le basilic haché, des herbes de Provence, la sauce soja, du sel et du poivre. Laissez cuire à feu moyen pendant 15 minutes jusqu'à ce que la sauce réduise et épaississe.

Préchauffez le four à 180 °C (th. 6). Dans un grand plat à gratin, alternez les couches de feuilles de lasagne et de sauce bolognaise végétale, terminez par une couche de sauce pour que les pâtes ne sèchent pas à la cuisson. Enfournez pour 30 minutes.

Sortez les lasagnes du four, recouvrez-les de crème de soja et de levure de bière maltée, faites gratiner au four 5 minutes supplémentaire et servez accompagné de quelques feuilles de laitue.

Seitan mariné croustillant & facile

Le seitan est principalement constitué de gluten de blé. Très facile à faire et économique, il est extrêmement riche en protéines. Sa texture et son aspect rappellent la viande de bœuf. C'est une véritable éponge à saveurs, il suffit de l'assaisonner pour un maximum de plaisir gustatif !

Préparation : 20 min
Cuisson : 30 min

Pour 2 personnes
60 g de gluten de blé
1 cuil. à soupe de sauce soja
½ cuil. à café d'ail semoule
2 cuil. à soupe d'huile de tournesol

Mélangez le gluten de blé et 13 cl d'eau à la main (pas d'inquiétude, cela ne colle pas aux doigts). Lorsque vous obtenez une boule de pâte, mettez-la à cuire dans une casserole d'eau bouillante pendant 20 minutes.

Sortez le seitan de l'eau et coupez-le en lamelles. Placez les lamelles dans un bol avec la sauce soja et l'ail semoule et laissez mariner entre 5 et 10 minutes.

Dans une poêle, versez l'huile et poêlez les morceaux de seitan jusqu'à ce qu'ils soient bien dorés et croustillants, environ 10 minutes.

Accompagnez d'une portion de légumes et de céréales ou de vermicelles de riz pour un repas complet.

Quiche tofu, épinards & sésame

Eh oui, les quiches vegan, c'est possible ! Et c'est même délicieux ! On peut les préparer avec les légumes de son choix, mais l'association épinards-sésame est une de mes préférées. Elle sera parfaite à déguster à plusieurs ou pour votre lunch box.

Préparation : 15 min
Cuisson : 30 min

Pour 4 personnes
1 rouleau de pâte feuilletée végétalienne
50 g de farine de pois chiches
30 g de tapioca (fécule de manioc)
100 g de yaourt végétal nature
10 cl de crème de soja
1 cuil. à café d'ail semoule
5 poignées de feuilles d'épinards
200 g de tofu lacto-fermenté
1 cuil. à soupe de basilic ciselé
1 cuil. à soupe de graines de sésame noir
sel

Préchauffez votre four à 180 °C (th. 6).

Dans un saladier, mélangez la farine de pois chiches, le tapioca, le yaourt, la crème, l'ail et du sel. Ajoutez 3 cl d'eau progressivement en remuant jusqu'à obtenir une pâte fluide mais pas trop liquide (un peu moins qu'une pâte à crêpes, plus qu'une pâte à pancakes).

Incorporez les épinards et le tofu lacto-fermenté émietté, puis mélangez.

Déroulez la pâte feuilletée et foncez un moule à tarte, ajustez les bords.

Versez la préparation au tofu et épinards. Saupoudrez de basilic ciselé et de graines de sésame noir.

Enfournez pour 25 à 30 minutes. Attendez 5 minutes pour démouler et servez cette quiche accompagnée d'une salade.

Hachis Parmentier

La viande ne manquera pas du tout avec ce fabuleux hachis Parmentier fait sans soja ou simili carné, uniquement à base de légumes ! Une recette aux ingrédients simples qui ravira toute la famille.

Préparation : 25 min
Cuisson : 1 h

Pour 4 personnes
4 pommes de terre
1 blanc de poireau
3 carottes
½ poivron rouge
2 champignons de Paris
2 oignons
1 gousse d'ail
2 branches de persil frais
40 g de chapelure
huile d'olive
sel, poivre

Préchauffez votre four à 220 °C (th. 7/8).

Coupez le blanc de poireau en rondelles, pelez les pommes de terre, coupez-les en quartiers et faites cuire l'ensemble à l'eau ou à la vapeur pendant 20 minutes.

Pelez et coupez grossièrement les carottes, les champignons, les oignons et l'ail. Détaillez le poivron rouge en dés. À l'aide d'un robot, mixez-les en hachis moyen.

Dans une poêle, versez un peu d'huile d'olive et faites-y revenir le hachis de légumes pendant 10 minutes.

Dans le robot, réduisez le persil et la chapelure en hachis. Ajoutez-le dans la poêle. Mélangez bien l'ensemble, puis retirez du feu et ajustez l'assaisonnement à votre goût.

Une fois les pommes de terre cuites, réalisez un écrasé. À l'aide du robot, mixez le poireau et incorporez-le à l'écrasé de pommes de terre.

Dans un plat à gratin, répartissez les légumes, étalez la couche d'écrasé de pommes de terre par-dessus et enfournez pour 30 minutes.

Chili sin carne

Ce chili vegan aux haricots rouges est délicieux, sain, simple, très facile à préparer, épicé et très bon marché.

Préparation : 20 min
Cuisson : 20 min

Pour 2 à 3 personnes
1 petite boîte de haricots rouges (400 g)
1 oignon
1 gousse d'ail
1 cuil. à café de cumin en poudre
½ cuil. à café de chili en poudre
½ cuil. à café de cannelle en poudre
1 poivron rouge
150 g de maïs en boîte
1 petite boîte de chair de tomate
2 cuil. à soupe d'huile d'olive
coriandre fraîche
sel, poivre

Émincez l'ail et l'oignon et faites-les revenir dans l'huile d'olive pendant quelques minutes, jusqu'à ce que l'oignon devienne translucide.

Ajoutez ensuite toutes les épices et le poivron coupé en dés. Laissez cuire 5 minutes à feu moyen en remuant de temps en temps, puis intégrez les haricots rouges rincés et égouttés, le maïs égoutté et la chair de tomate. Salez, poivrez et laissez cuire 10 minutes supplémentaire.

Parsemez de coriandre ciselée au moment de servir.

Servez ce chili vegan accompagné de riz, de guacamole (recette p. 128), de radis roses crus, de rondelles de citron vert et de tortillas.

Fajitas au fruit du jacquier

Friday night, fajitas ! C'est un rendez-vous hebdomadaire chez moi (parfois décalé au week-end, c'est vrai...). Le jeune fruit du jacquier imite à merveille la viande de poulet émiettée. Totalement neutre en goût, il prendra les saveurs qu'on lui donne !

Préparation : 25 min
Cuisson : 15 à 20 min

Pour 4 personnes

Fruit du jacquier mariné

2 boîtes de jeunes fruits du jacquier en saumure
2 cuil. à soupe de sauce barbecue
1 cuil. à soupe de sauce soja
2 cuil. à café de mélange d'épices mexicaines (cumin, chili, paprika coriandre...)
1 cuil. à soupe d'huile
1 cuil. à soupe de sucre brun

Accompagnements

4 à 8 tortillas de blé
2 poivrons, rouge et jaune
petits oignons blancs
1 petite boîte de haricots rouges
crème de soja semi-épaisse
coriandre ou persil
guacamole (recette p. 128)

Commencez par rincer et égoutter les fruits du jacquier. Retirez la partie centrale et dure des fruits au couteau. Émiettez-les pour séparer les fibres et retirez les noyaux. Dans un bol, mélangez les fruits du jacquier avec le reste des ingrédients de la marinade, pendant 5 minutes.

Ensuite, vous pouvez opter pour une cuisson au four à 180 °C (th. 6) pendant 20 minutes sur une plaque et en remuant à mi-cuisson pour que les fruits soient uniformément croustillants, ou bien une cuisson à la poêle pendant 15 minutes, pour un résultat plus tendre.

Coupez les poivrons en lamelles en prenant soin de retirer les graines et faites-les griller à la plancha ou à la poêle. Taillez les oignons blancs en lamelles et faites-les griller de la même façon. Égouttez la boîte de haricots rouges. Ciselez les herbes.

Réchauffez les tortillas à peine 1 minute et garnissez-les selon vos goûts avec les différents accompagnements.

Astuce

Les conserves de jeunes fruits du jacquier se trouvent dans les épiceries exotiques ou asiatiques, parfois sous le nom de *young jackfruit in brine*. Vous pouvez aussi en commander en ligne sur le site Boutique Vegan.

Dahl de lentilles corail, coco & curry

Le dahl est un de mes basiques en cuisine. J'ai déjà partagé cette recette sur ma chaîne YouTube, et de toutes celles que j'ai postées, c'est celle qui a le plus de succès ! Savoureuse, saine, économique et rapide à faire, on ne peut que l'adopter.

Préparation : 15 min
Cuisson : 20 min

Pour 2 personnes
150 g de lentilles corail
1 oignon
1 carotte
20 cl de lait de coco
2 cuil. à café de curry en poudre
1 cuil. à café de mélange tandoori
1 à 2 cuil. à soupe de concentré de tomate
sel ou ½ cube de bouillon de légumes
1 poivron vert pour la déco
huile d'olive

Pelez l'oignon et la carotte. Émincez l'oignon et coupez la carotte en petits dés.

Dans une casserole, faites revenir l'oignon dans de l'huile d'olive jusqu'à ce qu'il soit tendre. Ajoutez les lentilles corail, la carotte, le lait de coco, les épices, le concentré de tomate et versez 20 cl d'eau. Ne salez surtout pas avant que les lentilles corail soient cuites.

Laissez cuire 15 minutes. N'hésitez pas à ajouter de l'eau si nécessaire pour obtenir la consistance souhaitée du dahl.

En fin de cuisson, ajoutez du sel ou le demi-cube de bouillon et servez chaud décoré de dés de poivron vert et accompagné de riz basmati.

Curry de haricots blanc express

Encore un basique de ma chaîne YouTube ! Cette recette a remporté un franc succès d'après les retours de ma communauté, surtout pour les soirées où l'on n'a pas le courage de cuisiner. Elle se réalise en à peine 5 minutes pour un résultat à la fois doux et savoureux...

Préparation : 5 min
Cuisson : 10 min

Pour 2 personnes
1 petite boîte de haricots blancs
20 cl de lait de coco
1 cuil. à café de curry en poudre
½ cuil. à café de garam masala
½ cuil. à café de coriandre en poudre
½ cuil. à café de gingembre en poudre
1 cuil. à café de curcuma en poudre
3 à 5 poignées de pousses d'épinards
1 citron vert
sel, poivre

Dans une casserole, faites chauffer à feu moyen le lait de coco avec les épices jusqu'à ce qu'elles soient dissoutes.

Ajoutez ensuite les haricots blancs rincés et égouttés et les épinards et laissez cuire 5 minutes jusqu'à ce que le mélange épaississe.

Ajustez l'assaisonnement selon votre goût.

Dégustez ce curry avec du riz mélangé à du carvi et un filet de jus de citron vert.

Curry de carottes, sauce au lait de coco infusée au gingembre

Cette recette est totalement inspirée d'un plat du restaurant Beach House situé à Anglet, sur la côte basque. C'était probablement le meilleur curry que j'ai mangé, je ne pouvais que le recréer (ou tout du moins tenter). Ce qui m'a fait craquer ? L'association de la douceur de la sauce coco et de la fraîcheur du citron vert.

Préparation : 20 min
Cuisson : 20 min

Pour 2 personnes

6 à 8 carottes
40 cl de lait de coco
½ cube de bouillon de légumes
¼ de cuil. à café de curry en poudre
2 cm de gingembre frais ou ½ cuil. à café de gingembre en poudre

Accompagnements et décoration

riz basmati
1 citron vert
sauce tamari ou soja
radis
poivron vert
roquette

Épluchez et coupez les carottes en rondelles, de biais. Faites-les cuire à la vapeur 10 à 15 minutes.

Dans une casserole, mélangez le lait de coco, le demi-cube de bouillon et les épices et laissez cuire à feu doux pendant 5 minutes tout en remuant.

Faites cuire le riz selon les indications du paquet et servez-le avec un peu de sauce tamari et du jus de citron vert pour une explosion de saveurs.

Préparez la décoration : coupez des rondelles de radis et de fines lamelles de poivron vert.

Répartissez les carottes dans des bols, ajoutez la sauce coco-gingembre et terminez avec la décoration et de la roquette.

Nasi goreng

Si vous êtes à la recherche d'une recette facile et rapide à préparer pour lunch-box, ce plat va vous plaire ! Le nasi goreng est d'origine indonésienne et est tout simplement constitué de riz frit et des restes que l'on a dans son réfrigérateur. Dans cette version végétalienne, on remplace le poulet effiloché par le jeune fruit du jacquier pour un effet bluffant !

Préparation : 25 min
Cuisson : 20 min

Pour 2 personnes
200 g de riz basmati cuit
50 g de carottes râpées
1 boîte de jeunes fruits du jacquier en saumure
2 gousses d'ail
2 échalotes
75 g de petits pois
2 à 3 cuil. à soupe de sauce soja ou tamari
1 cuil. à café de piment doux ou fort ou de paprika en poudre
1 cuil. à café d'huile de sésame
graines de sésame
menthe fraîche
2 cuil. à soupe d'huile d'olive

Pelez l'ail et écrasez-le. Pelez les échalotes et émincez-les. Faites revenir l'ail et les échalotes dans l'huile d'olive jusqu'à ce qu'ils deviennent translucides.

Ajoutez les fruits du jacquier égouttés et émiettés et faites revenir jusqu'à ce qu'ils dorent, environ 5 minutes.

Intégrez le riz cuit, remuez et laissez cuire 3 minutes.

Incorporez les petits pois, les carottes râpées, la sauce soja et le piment, remuez et laissez cuire encore 5 minutes

Arrosez enfin d'un filet d'huile de sésame, décorez de graines de sésame et de menthe fraîche. Servez chaud.

Vegan pad thaï

Ou comment regrouper mes trois aliments fétiches, ceux qui constituent la base de presque tous mes repas : des pâtes, des légumes, du tofu. Cette combinaison est super saine et peut être déclinée sous de très nombreuses formes, mais je crois bien que le pad thaï est l'une de mes préférées : pratique et si savoureux !

Préparation : 25 min
Cuisson : 20 min

Pour 3 personnes
200 g de nouilles de riz

Faux œufs brouillés
200 g de tofu
½ cuil. à café de curcuma en poudre

Sauce et légumes
2 gousses d'ail
1 poivron rouge
1 carotte
2 oignons nouveaux
16 cl de bouillon de légumes
2 cuil. à café de sucre brun
2 cuil. à soupe de tamari
1 cuil. à café de sauce sriracha
1 cuil. à soupe de fécule de maïs
2 poignées de germes de soja
le jus d'½ citron vert
coriandre fraîche
1 poignée de cacahuètes non salées
huile d'olive

Hachez l'ail, coupez le poivron rouge en lamelles et râpez la carotte. Émincez la partie blanche des oignons nouveaux et coupez la partie verte en morceaux en gardant les deux séparés.

Faites cuire les nouilles selon les instructions de l'emballage. Égouttez et réservez.

Émiettez le tofu dans une poêle ou un wok, ajoutez le curcuma, remuez bien et faites cuire à feu moyen pendant 3 à 5 minutes. Ajoutez un peu d'eau pour le rendre plus moelleux si nécessaire. Réservez.

Dans la même poêle, faites revenir l'ail et le blanc des oignons dans un peu d'huile d'olive. Faites sauter l'ensemble à feu moyen jusqu'à ce que l'oignon soit translucide, environ 3 minutes.

Ajoutez le poivron rouge et la carotte. Faites revenir à nouveau jusqu'à ce qu'ils soient tendres, 3 à 5 minutes. Incorporez le bouillon de légumes, le sucre, le tamari et la sauce sriracha dans la poêle et mélangez.

Dans un petit bol, délayez la fécule de maïs dans 3 cuillerées à soupe d'eau ou de bouillon de légumes. Versez dans la poêle et mélangez. Laissez mijoter le tout pendant quelques minutes, jusqu'à ce que la sauce commence à épaissir.

Une fois la sauce épaissie, ajoutez les germes de soja, les parties vertes des oignons, le tofu émietté et les nouilles cuites. Mélangez bien jusqu'à ce que l'ensemble soit chaud et enrobé de sauce.

Servez accompagné de jus de citron vert, de coriandre hachée et de cacahuètes concassées.

Patate douce surprise

Cette recette est une variante plus exotique et garnie de la pomme de terre en robe des champs. Un bonheur pour les yeux et les papilles, et elle est bien sûr très saine : la patate douce pour les bons glucides et les vitamines et les lentilles pour les protéines et le fer !

Préparation : 30 min
Cuisson : 1 h 30

Pour 4 personnes
4 patates douces moyennes
1 oignon
1 gousse d'ail
1 cuil. à soupe de curry en poudre
150 g de lentilles vertes crues
10 cl de lait de coco
le jus d'½ citron
4 cuil. à soupe de yaourt végétal (recette p. 222)
persil
1 cuil. à soupe d'huile d'olive
sel, poivre

Préchauffez le four à 180 °C (th. 6).

Percez les patates douces plusieurs fois avec un couteau. Placez-les sur une plaque de cuisson recouverte de papier sulfurisé et faites cuire au four jusqu'à ce qu'elles soient tendres, environ 45 minutes. Retirez du four et laissez refroidir légèrement.

Pendant ce temps, versez l'huile d'olive dans une casserole à feu moyen. Ajoutez l'oignon finement haché et laissez cuire quelques minutes jusqu'à ce qu'il soit translucide. Ajoutez l'ail écrasé et la poudre de curry et laissez cuire 1 minute jusqu'à ce que le mélange soit parfumé.

Intégrez alors les lentilles, versez 70 cl d'eau et portez à ébullition. Laissez mijoter et cuire pendant 30 minutes, en remuant de temps en temps. Rajoutez de l'eau si besoin.

Incorporez le lait de coco, du sel, du poivre et le jus de citron et laissez encore mijoter 5 à 10 minutes jusqu'à ce que les lentilles soient crémeuses.

Faites une fente au couteau dans le sens de la longueur des patates douces et ouvrez-les. Écrasez la chair avec une fourchette, déposez les lentilles à l'intérieur. Ajoutez 1 cuillerée de yaourt végétal sur chaque patate douce et garnissez de persil ciselé.

Risotto au pesto de fèves & bacon végétal

Un risotto aux notes italiennes digne d'un plat de restaurant à partager en famille ou avec ses convives ! N'oubliez pas les chips de bacon végétal, qui apportent la touche croustillante à cette recette super crémeuse.

Préparation : 25 min
Cuisson : 30 min

Pour 4 personnes

Pesto

200 g de fèves pelées surgelées
1 gousse d'ail
2 cuil. à café de basilic haché
1 cuil. à café de pignons de pin
2 cuil. à soupe de levure de bière
5 cuil. à soupe huile d'olive extra-vierge
sel poivre

Risotto

240 g de riz à risotto
1 oignon
60 cl de bouillon végétal
12 chips de bacon végétal (recette p. 152)
10 tomates séchées à l'huile
basilic frais
quelques fèves pour la déco
2 cuil. à soupe d'huile d'olive extra-vierge

Placez les fèves dans de l'eau bouillante pendant 5 minutes, puis passez-les sous l'eau froide.

Dans un blender, mettez l'ail, le basilic, les fèves, les pignons et la levure de bière. Mixez par à-coups en versant l'huile d'olive et 1 cuillerée à soupe d'eau.

Mixez à nouveau afin d'obtenir une crème un peu grossière. Salez, poivrez et réservez le pesto.

Dans une large poêle, faites revenir l'oignon émincé dans l'huile d'olive. Dès que l'oignon commence à colorer, ajoutez le riz. Faites-le cuire légèrement à sec jusqu'à ce qu'il devienne nacré.

Versez une première louche de bouillon très chaud. Faites cuire le risotto, en versant une louche après l'autre dès que le bouillon est absorbé, tout en mélangeant, environ 20 minutes. Le riz doit être crémeux et moelleux.

Servez dans quatre assiettes en ajoutant le pesto, les chips de bacon végétal, les tomates séchées coupées en deux et des feuilles de basilic. Décorez avec quelques fèves entières.

Macaronis au faux-mage et chou-fleur

Vous connaissez certainement les fameux Mac'n'cheese, ce plat typiquement américain. La version vegan est tout aussi réconfortante et super crémeuse... mais plus légère ! À savourer tout chaud sorti du four durant les longues soirées d'hiver !

Préparation : 20 min
Cuisson : 20 min

Pour 2 à 3 personnes
150 g de macaronis ou de coquillettes
chapelure

Sauce
50 g de noix de cajou (ou beurre de cajou)
300 g de chou-fleur frais ou surgelé
1 petite carotte (35 g)
1 cuil. à soupe de tapioca
(ou fécule de maïs)
1 à 2 cuil. à soupe de levure de bière maltée
1 cuil. à soupe de jus de citron
½ cuil. à café de curcuma en poudre
sel, poivre

Détaillez le chou-fleur en petits morceaux, pelez et coupez la carotte en rondelles. Faites cuire le chou-fleur et la carotte 10 minutes à la vapeur.

Faites cuire les pâtes selon les instructions de l'emballage.

Une fois que la carotte et le chou-fleur sont cuits, placez tous les ingrédients de la sauce avec 40 cl d'eau dans le blender et mixez pour obtenir une texture lisse et onctueuse.

Dans une casserole, versez la préparation et remuez à feu moyen, jusqu'à ce que la sauce épaississe, environ 3 minutes. (Ajoutez plus d'eau si nécessaire mais allez-y progressivement. S'il est possible de rendre la sauce plus liquide et plus onctueuse, il est difficile – et surtout très long – de la faire réduire et de la rendre plus compacte, ce qui est dû au tapioca.)

Préchauffez votre four à 210 °C (th. 7) en mode gril.

Placez les pâtes dans un plat à gratin, recouvrez-les de la sauce, saupoudrez de chapelure pour faire gratiner, puis enfournez pour 5 à 7 minutes.

Soupes & veloutés

Pour faire le plein de légumes, je mise sur les soupes ! Mais il faut qu'elles soient riches, gourmandes et savoureuses, idéales pour finir la journée avec un repas sain mais réconfortant.

Velouté de patate douce & lentilles corail

Vous l'aurez compris, les saveurs indiennes sont très présentes dans ma cuisine, jusque dans mes veloutés. Celui-ci est particulièrement onctueux grâce aux lentilles corail qui lui donnent un peu plus de corps. Ajouter des légumineuses permet d'avoir une sensation de satiété plus longue.

Préparation : 10 min
Cuisson : 20 min

Pour 2 à 3 bols
1 patate douce moyenne (400 g)
100 g de lentilles corail
25 cl de lait de coco
1 oignon
2 cuil. à soupe de coulis de tomate
1 cuil. à café de poudre de curry en poudre
1 cuil. à café de sel
1 cuil. à soupe d'huile d'olive

Topping
chili séché
noix

Épluchez et coupez la patate douce en morceaux de 2-3 cm d'épaisseur.

Émincez l'oignon et faites-le revenir dans l'huile d'olive dans un grand faitout ou une Cocotte-Minute.

Quand l'oignon devient translucide, ajoutez le reste des ingrédients, versez environ 1 litre d'eau en fonction de la consistance souhaitée et laissez cuire l'ensemble à couvert pendant 15 minutes.

Passez le tout au blender jusqu'à l'obtention d'une texture parfaitement lisse, puis servez ce velouté accompagné de noix et de chili.

Soupe de butternut & quinoa rouge

Une soupe suffisamment complète pour en faire un repas du midi, avec le quinoa qui apportera vitamines, minéraux, fibres et protéines.

Préparation : 20 min
Cuisson : 50 min

Pour 3 bols

1 courge butternut
2 carottes jaunes
1 pomme de terre
60 g de quinoa rouge (poids sec, ou 150 g de quinoa cuit)
1 oignon
1 gousse d'ail
10 cl de lait de coco
10 cl de coulis de tomate
½ cuil. à café de citronnelle en poudre
½ cuil. à café de gingembre en poudre
1 cuil. à café de curry en poudre
2 cuil. à café de fécule de maïs
2 cuil. à soupe de jus de citron
2 branches de coriandre fraîche
2 cuil. à soupe d'huile d'olive
sel ou 1 cube bouillon de légumes

Épluchez et coupez les carottes en rondelles de 5 mm d'épaisseur et la pomme de terre en morceaux. Faites-les cuire à la vapeur ou à l'eau pendant 10 minutes. Elles doivent rester fermes. Réservez.

Rincez bien le quinoa. Faites-le cuire dans trois fois son volume d'eau, à couvert, pendant 15 minutes à feu moyen. Égouttez et laissez refroidir.

Émincez l'oignon, écrasez l'ail et, dans un grand faitout, faites-les revenir à feu vif dans l'huile d'olive jusqu'à ce qu'ils soient translucides, environ 2-3 minutes.

Épluchez la courge butternut (cette étape est cependant optionnelle, la peau se ramollit à la cuisson) et coupez-la en dés, en veillant à retirer les graines.

Ajoutez les dés de butternut, le lait de coco, le coulis de tomate, les épices, la fécule, le jus de citron et la coriandre hachée dans le faitout. Salez, recouvrez d'1 litre d'eau et laissez cuire 25 minutes à couvert et à feu doux.

Passez l'ensemble au mixeur pour obtenir une texture bien lisse, puis ajoutez le quinoa, les carottes et la pomme de terre.

Soupe de maïs

Cette soupe de maïs crémeuse et légèrement sucrée est parfaite en période hivernale ! Elle est riche en nutriments pour vaincre les petits coups de mou dus à l'approche des jours froids...

Préparation : 20 min
Cuisson : 30 min

Pour 4 bols
2 boîtes moyennes de maïs
(ou 4 épis avec les grains coupés)
1 oignon
1 gousse d'ail
4 petites pommes de terre
1 poivron rouge
2 branches de céleri
1 cuil. à soupe de persil séché
½ cuil. à café de paprika fumé
1 cuil. à soupe de sauce sriracha
2 cuil. à soupe de levure de bière maltée
40 cl de lait de coco
1 cube de bouillon de légumes
persil plat
sel, poivre

Émincez l'oignon, écrasez l'ail et, dans un grand faitout, faites-les revenir à feu vif dans l'huile d'olive jusqu'à ce qu'ils soient translucides, environ 2-3 minutes.

Pelez et coupez en dés les pommes de terre, taillez le poivron en dés et hachez le céleri. Baissez le feu, intégrez dans le faitout les légumes, le maïs, le persil, le paprika fumé. Mélangez, salez, poivrez et laissez cuire 3 à 5 minutes.

Au bout de ce temps, ajoutez la sauce sriracha, la levure de bière, le lait de coco, le cube de bouillon et 1 litre d'eau. Mélangez jusqu'à ce que le tout soit bien combiné. Portez la soupe à ébullition, puis baissez le feu et laissez mijoter pendant environ 15 minutes (jusqu'à ce que vous puissiez facilement percer un morceau de pomme de terre avec une fourchette).

Transférez les trois quarts de la soupe dans un blender thermorésistant ou utilisez un mixeur. Mixez à basse vitesse pendant seulement 1 ou 2 minutes, le mélange ne doit pas être trop lisse.

Reversez dans le faitout avec le reste de soupe non mixée et mélangez bien. Réchauffez si besoin. Servez cette soupe seule ou avec une portion de céréales, comme du riz, du quinoa ou de la semoule. Décorez de persil plat ciselé.

Velouté frais de carottes, orange & cumin

Les soupes se dégustent aussi en été et il n'y a pas que le gaspacho ! Celle-ci est idéale à siroter quand il fait trop chaud et qu'on a plus soif que faim.

Préparation : 10 min
Cuisson : 30 min
Réfrigération : 2 h minimum

Pour 3 bols

700 g de carottes
1 oignon
½ à 1 cube de bouillon de légumes
1 cuil. à soupe de tapioca
½ cuil. à café de cumin en poudre
le jus d'1 orange
1 citron vert
2 cuil. à soupe d'huile d'olive

Dans un grand faitout ou une Cocotte-Minute, faites revenir l'oignon émincé dans l'huile d'olive jusqu'à ce qu'il commence à se colorer.

Ajoutez ensuite les carottes pelées et coupées en rondelles. Mélangez-les aux oignons pendant 3 minutes pour les caraméliser légèrement, puis versez 70 cl d'eau, le cube de bouillon, le tapioca préalablement délayé dans un peu d'eau froide et le cumin. Mélangez bien.

Laissez cuire pendant 15 à 25 minutes (en fonction du mode de cuisson).

Transvasez le tout dans un blender thermorésistant. Ajoutez le jus d'orange, puis mixez à vitesse maximale jusqu'à obtenir une texture parfaitement lisse.

Laissez refroidir, puis placez au réfrigérateur pendant 2 heures minimum.

Servez bien frais dans des verrines ou des bols avec un filet de jus de citron vert.

Ramen, soupe de nouilles soba & légumes à la japonaise

Ce plat populaire japonais est super rapide à faire et ne nécessite aucun matériel. Parfait pour accommoder les légumes qui restent dans le frigo !

Préparation : 10 min
Cuisson : 10 min

Pour 2 bols

70 g de nouilles soba ou autres nouilles asiatiques
150 g de champignons de Paris bruns
4 oignons verts
100 g de tofu
1 gousse d'ail
1 cuil. à café de gingembre en poudre ou frais, râpé
1 cuil. à soupe de pâte de miso blanc
1 cuil. à soupe de sauce tamari
1 cuil. à soupe d'huile de coco
1 cuil. à soupe d'huile d'olive
1 cuil. à soupe de sauce soja

Topping

2 à 3 poignées de jeunes pousses d'épinards
graines de sésame
herbes fraîches (basilic, coriandre, oignons verts…)

Pelez les champignons et taillez-les en fines lamelles.

Émincez les oignons nouveaux en gardant le blanc et le vert séparés. Hachez l'ail.

Coupez le tofu en dés. Dans une petite poêle, faites-les dorer avec l'huile d'olive et la sauce soja. Réservez.

Dans une casserole, faites revenir les champignons, le gingembre, l'ail et les parties blanches des oignons dans l'huile de coco pendant environ 6 minutes à feu vif, tout en remuant.

Incorporez la pâte de miso et, petit à petit, 1 litre d'eau pour dissoudre la pâte. Portez à ébullition, puis intégrez les nouilles et laissez mijoter à feu moyen jusqu'à ce que les nouilles soient tendres. Retirez du feu et ajoutez la sauce tamari et la partie verte des oignons.

Versez dans des bols à soupe, garnissez d'une poignée de pousses d'épinards, de dés de tofu et saupoudrez de graines de sésame. Assaisonnez à votre convenance avec de la sauce piquante et des herbes fraîches ciselées.

Conservez les restes dans un contenant fermé, au réfrigérateur,

pendant 3 jours maximum.

Faux-mages & yaourts végétaux

Je vous l'ai dit, je suis une ancienne accro aux produits laitiers. Quand je suis devenue vegan, les alternatives végétales aux yaourts et fromages n'étaient pas très présentes dans le commerce, ou alors très chères ! Je me suis donc attelée à les faire maison, et j'ai été agréablement surprise de constater qu'en jouant avec de simples ingrédients, on pouvait créer de fabuleuses imitations !

Poudre végétale façon parmesan

Cette poudre est totalement addictive et peut tout à fait se dévorer à la petite cuillère ! Elle sera quand même plus adaptée pour accompagner vos pâtes, vos légumes ou vos salades…

Préparation : 5 min

Pour 2 portions
30 g de noix de cajou
1 à 2 cuil. à soupe de levure de bière maltée
½ cuil. à café de sel

À l'aide d'un blender, mélangez à grande vitesse tous les ingrédients jusqu'à l'obtention d'une poudre fine.

Cette poudre peut se conserver jusqu'à 5 jours au réfrigérateur dans un récipient hermétique.

Astuce

Remplacez les noix de cajou par des noix du brésil pour un apport en sélénium.

Faux-mage fondu pour pizzas et gratins

Il est tout à fait possible de retrouver le plaisir du fromage qui fond et qui fait des fils. Cette préparation sublimera vos pizzas pour un effet bluffant : impossible de dire qu'il s'agit d'une pizza vegan ! Ce faux-mage peut aussi s'utiliser pour un gratin ou vos pâtes.

Préparation : 10 min

Pour 1 pizza
50 g de noix de cajou
2 cuil. à soupe de levure de bière maltée
½ cuil. à café de sel
2 cuil. à café de tapioca
1 cuil. à café de protéine de pois en poudre non parfumée (facultatif)

Versez les noix de cajou, la levure de bière, le sel et le tapioca dans un blender.

Mixez par à-coups jusqu'à obtenir une poudre fine. Ajoutez 25 cl d'eau et mixez à nouveau pendant 30 secondes.

Versez la préparation dans une casserole, faites chauffer l'ensemble à feu moyen, en remuant continuellement jusqu'à ce que la texture épaississe, environ 5 minutes.

Ce faux-mage se fige en refroidissant et devient fondant à la chaleur. Grâce à la protéine de pois, il fera des fils. Déposez-le, encore chaud, sur vos pizzas, tartines, gratins ou lasagnes avant de les enfourner.

Astuce

Vous pouvez le rendre plus ou moins fluide en augmentant ou en diminuant la quantité d'eau.

Faux-mage à trancher

Ce faux-mage se tranche et se râpe, il est solide à température ambiante et fond à la chaleur, comme un fromage classique.

Préparation : 10 min
Réfrigération : 3 h minimum

Pour 1 bloc de 150 g environ
4 g d'agar-agar
60 g de noix de cajou
40 g d'amandes émondées
4 cuil. à soupe de levure de bière maltée
1 cuil. à soupe de tahini
1 cuil. à soupe d'huile neutre + pour le moule
10 cl de lait de soja nature
2 cuil. à soupe de jus de citron
1 cuil. à soupe de pâte de miso blanc
½ cuil. à café de sel
graines de cumin

Versez 25 cl d'eau dans une casserole avec l'agar-agar, portez le mélange à ébullition pendant 2 minutes tout en remuant, puis retirez du feu et laissez refroidir.

Pendant ce temps, versez les noix de cajou, les amandes et la levure de bière dans le robot. Mixez par à-coups pour commencer, puis à vitesse maximum jusqu'à obtenir une poudre fine. Raclez les bords si nécessaire et répétez l'opération.

Incorporez le tahini, l'huile, le lait de soja, le jus de citron, le sel et la pâte de miso, puis mixez pendant 1 minute à forte vitesse.

Enfin, ajoutez la préparation d'agar-agar et mixez à nouveau pendant 1 à 2 minutes pour obtenir une texture totalement lisse.

Transférez la préparation dans un petit moule ou une boîte hermétique d'environ 10 × 15 cm préalablement huilée. Laissez le faux-mage reposer au réfrigérateur pendant 3 heures minimum, l'idéal étant toute une nuit.

Pour la dégustation, parsemez de graines de cumin si vous aimez. Ce faux-mage peut se conserver pendant 5 jours au réfrigérateur.

Faux-mage à tartiner ail & fines herbes

Ce faux-mage s'inspire d'un très célèbre fromage à tartiner, dont retrouve le goût à s'y méprendre. Parfait en guise d'apéritif pour accompagner ses dips de crudités, dans un sandwich ou tout simplement avec du pain.

Préparation : 5 min

Pour 1 pot de 30 cl

200 g de tofu lacto-fermenté
1 cuil. à café d'ail en poudre ou 1 petite gousse d'ail
10 à 12 brins de ciboulette
½ cuil. à café de sel
¼ de cuil. à café de poivre

Émiettez le tofu lacto-fermenté à l'aide de vos mains.

Versez le tofu avec l'ail en poudre ou la gousse écrasée, la ciboulette ciselée, le sel et le poivre dans un blender. Ajoutez 5 cl d'eau. Mixez jusqu'à obtenir une boule molle où tous les ingrédients sont amalgamés de façon homogène.

Transférez le faux-mage dans un pot hermétique. Vous pouvez le conserver au réfrigérateur 5 jours maximum.

Yaourt de soja nature

Je suis une accro aux yaourts végétaux et les faire maison se révèle relativement facile et beaucoup plus économique, tout ça pour un résultat délicieux, crémeux et qui se tient !

Préparation : 5 min
Repos : 12 h minimum
Réfrigération : 2 h

Pour 1 l
1 l de lait de soja en brique sans sucre ajouté
8 g de ferments lactiques pour yaourt classique

Topping
coulis de framboises
granola (recette p. 82)

Dans un grand bol mélangeur, versez les ferments lactiques. Ajoutez quelques gouttes de lait de soja. Mélangez l'ensemble pour bien dissoudre les ferments, puis intégrez le reste du lait de soja tout en remuant.

Répartissez la préparation dans des pots en verre préalablement stérilisés dans de l'eau bouillante et bien essuyés.

Placez les pots dans une yaourtière pour 12 heures. Fermez les pots avec leur couvercle et placez-les au réfrigérateur. Attendez minimum 2 heures avant de les déguster, avec, par exemple, du coulis de framboises et du granola.

Ces yaourts végétaux se conservent facilement 2 semaines au réfrigérateur.

Astuce

Si vous n'avez pas de yaourtière, vous pouvez utiliser votre four s'il peut maintenir une température autour de 40 °C pendant 8 à 12 heures. L'important est de maintenir une température suffisante pour favoriser le développement bactérien. On peut donc mettre les pots, fermés, proches d'un radiateur, ou bien les laisser à température ambiante pendant 24 heures.

Yaourt crémeux soja coco

Pour une version plus gourmande du yaourt soja maison, il suffit d'ajouter un peu de coco. Ce yaourt est très doux et crémeux et j'adore aussi l'utiliser en version salée, comme sauce pour accompagner mes plats.

Préparation : 5 min
Repos : 12 h minimum
Réfrigération 2 h

Pour environ 70 cl
50 cl de lait de soja
1 cuil. à soupe de tapioca
20 cl de crème de coco
8 g de ferments lactiques pour yaourt classique

Topping
fruits frais
granola (recette p. 82)

Dans un grand bol mélangeur, versez les ferments lactiques et le tapioca. Ajoutez 2 à 3 cuillerées à soupe de crème de coco. Mélangez l'ensemble pour bien dissoudre les ferments et le tapioca, puis intégrez le reste de la crème de coco tout en remuant. Ajoutez ensuite le lait de soja petit à petit sans cesser de remuer pour éviter que la crème de coco et le lait de soja se séparent.

Répartissez la préparation dans des pots en verre préalablement stérilisés dans de l'eau bouillante et bien essuyés.

Placez les pots dans une yaourtière pour 12 heures. Mélangez les yaourts pour obtenir un brassé, puis fermez les pots avec leur couvercle et placez-les au réfrigérateur. Attendez minimum 2 heures avant de les déguster, avec, par exemple, des fraises en saison et du granola.

Ces yaourts végétaux se conservent facilement 2 semaines au réfrigérateur

Astuce

Si vous n'avez pas de yaourtière, vous pouvez utiliser votre four s'il peut maintenir une température autour de 40 °C pendant 8 à 12 heures. L'important est de maintenir une température suffisante pour favoriser le développement bactérien. On peut donc mettre les pots, fermés, proches d'un radiateur, ou bien les laisser à température ambiante pendant 24 heures.

Cream cheese végétal

**À partir d'un simple yaourt végétal, on obtient un cream cheese riche en protéines !
Mon péché mignon : l'utiliser en base pour un avocado toast avec une pointe de sel...**

Préparation : 5 min
Réfrigération : 8 h

Pour 200 g
400 g de yaourt végétal nature sans sucre
½ cuil. à café de sel

Sur un saladier, posez une passoire recouverte d'une étamine ou d'un torchon propre en coton. Versez le yaourt végétal dans la passoire et laissez égoutter au réfrigérateur pendant 8 heures, soit une nuit. Le yaourt va perdre la moitié de son poids en eau.

Le lendemain, transvasez le cream cheese obtenu dans un contenant hermétique, ajoutez le sel et mélangez bien.

Vous pouvez conserver ce cream cheese végétal 2 semaines au réfrigérateur.

Astuces

Le cream cheese vegan peut s'utiliser en remplacement de la margarine, pour le petit déjeuner, il peut servir à préparer un sandwich ou même pour le glaçage d'un gâteau.

Vous pouvez aussi l'utiliser comme base pour un tiramisu ou comme dip pour tremper des bâtonnets de crudités.

Desserts

En devenant vegan, je me voyais déjà renoncer aux plaisirs sucrés et à la pâtisserie ! Et pourtant, avec un peu d'inventivité et les bons mélanges d'ingrédients, on obtient de magnifiques desserts sans difficulté.

Mousse au chocolat & chantilly coco

Cette mousse au chocolat à base de jus de pois chiches peut sembler très intrigante au premier abord, mais le résultat est spectaculaire ! Ce jus a la fabuleuse faculté de se transformer en blanc en neige, aussi ferme et léger qu'avec de vrais œufs. Le plus drôle est de révéler l'ingrédient magique à ses convives après dégustation !

Préparation : 25 min
Réfrigération : 5 h minimum

Pour 4 personnes

Chantilly coco

1 boîte de lait de coco (minimum 16 % de matière grasse)
2 cuil. à soupe de sucre glace

Mousse au chocolat

260 g d'aquafaba (le jus d'1 boîte de pois chiches, sans sel ajouté de préférence)
200 g de chocolat noir (minimum 52 % de cacao) + 10 g pour la décoration
2 cuil. à soupe d'huile de coco
½ cuil. à café de graines de vanille
2 cuil. à soupe de sucre (facultatif)

Astuce

Gardez la partie liquide de la boîte de lait de coco pour un smoothie, par exemple (recette p. 84).

Pour la chantilly, placez la boîte de lait de coco au réfrigérateur au minimum 4 heures avant de commencer la recette.

Dans un bol mélangeur, versez uniquement la partie solide de la boîte. Ajoutez le sucre glace et battez à grande vitesse pendant 5 minutes. Placez au réfrigérateur pendant 2 heures minimum pour une meilleure tenue.

Préparez la mousse au chocolat pendant ce temps. Versez le jus de pois chiches dans un grand bol mélangeur et battez à grande vitesse pendant environ 10 minutes, jusqu'à l'obtention d'une texture ferme, similaire à des œufs en neige. Si on retourne le bol, la mousse ne tombe pas.

Cassez le chocolat en petits morceaux et faites-le fondre avec l'huile de coco au bain-marie ou au four à micro-ondes pendant 2 à 5 minutes. Laissez tiédir le chocolat quelques minutes, puis incorporez-le petit à petit et délicatement dans la mousse sans la casser.

Ajoutez les graines de vanille ainsi que le sucre si votre chocolat est riche en cacao (à 70 % et plus pour atténuer l'amertume). Répartissez la préparation dans des verrines ou des ramequins, et réservez au réfrigérateur 5 heures minimum. Ne vous inquiétez pas si le mélange vous semble liquide au départ, il va se figer avec le froid.

Servez avec 1 cuillerée à soupe de chantilly coco et un peu de chocolat râpé ou en poudre.

Glace au chocolat & bretzel enrobé

Une base 100 % fruit et des inclusions 100 % plaisir ! La banane congelée se transforme en glace onctueuse quand elle est mixée. Attention tout de même à votre blender, il faut qu'il soit puissant et robuste.

Préparation : 20 min
Réfrigération : 8 h 30

Pour 3 à 4 personnes
4 bananes
2 poignées de bretzels apéritifs, concassés
40 g de chocolat noir (minimum 52 % de cacao)
1 cuil. à soupe d'huile de coco
2 cuil. à soupe de cacao en poudre
4 cuil. à soupe de sucre complet ou brun
10 cl de lait végétal

Épluchez et coupez les bananes en rondelles. Disposez-les sur une plaque recouverte de papier sulfurisé, puis placez-les au congélateur pendant 8 heures minimum. Vous pouvez ensuite les transvaser dans un sac de congélation et les conserver pendant 1 mois.

Pour les bretzels enrobés, faites fondre le chocolat et l'huile de coco au bain-marie ou au four à micro-ondes pendant 1 à 2 minutes.

Recouvrez les bretzels du mélange huile–chocolat, puis placez-les sur une plaque recouverte de papier sulfurisé. Étalez le chocolat restant en couche de 3 mm sur la plaque, pour créer des inclusions dans la glace. Réservez le tout au congélateur pendant 1 heure minimum.

Dans un blender ou un robot mixeur puissant (minimum 800 W), versez les rondelles de bananes congelées, le cacao, le sucre et le lait végétal et mixez par à-coups au début, puis à pleine puissance en continu jusqu'à obtenir la texture d'une crème glacée.

Transvasez le tout dans une boîte hermétique.

Concassez les bretzels et le chocolat figé et ajoutez-les à la glace. Mélangez, puis réservez au frais environ 30 minutes.

Servez dans des coupes ou des cornets. Vous pouvez conserver cette glace au congélateur pendant 2 jours maximum.

Tiramisu aux spéculoos

Le tiramisu étant mon dessert préféré, est de très loin, j'ai déjà tenté plusieurs recettes pour imiter le mascarpone, avec quelques échecs mais aussi des réussites ! Cette recette est la plus facile à faire mais aussi la meilleure de toutes celles que j'ai faites, un vrai régal !

Préparation : 15 min
Réfrigération : 20 h

Pour 4 verrines
800 g de yaourt végétal nature du commerce ou maison (recette p. 222)
15 cl de crème de soja liquide
4 cuil. à soupe de sucre
1 cuil. à café d'extrait de vanille
24 spéculoos
20 cl de café
1 cuil. à soupe d'amaretto ou 1 cuil. à café d'arôme d'amande amère
1 cuil. à soupe de cacao en poudre

La veille au soir, préparez un torchon propre en coton sur une passoire au-dessus d'un grand bol. Placez-y le yaourt végétal, repliez le torchon sur le yaourt et laissez égoutter au réfrigérateur pendant toute la nuit pour obtenir un yaourt très épais.

Le lendemain, à l'aide d'un batteur, mélangez le yaourt égoutté, la crème de soja liquide, le sucre et la vanille jusqu'à ce que le sucre soit dissous. Le mélange doit être ferme, si besoin remettez l'ensemble au réfrigérateur 20 minutes avant de battre à nouveau.

Mélangez le café et l'amaretto dans un bol. Cassez chaque spéculoos en deux et trempez-les brièvement dans le café, il ne faut pas qu'ils ramollissent trop.

Dans les verrines, déposez les spéculoos et la crème pour faire 2 à 3 couches successives. Une fois les verrines montées, laissez reposer au réfrigérateur pendant minimum 3 heures.

Juste avant de servir, saupoudrez de cacao à l'aide d'une petite passoire et nettoyez les bords des verrines.

Pudding au chia & smoothie crémeux au thé matcha

Cette recette au visuel élégant est parfaite pour les débutants en cuisine. Sans matière grasse, pauvre en sucre raffiné et très riche en fibres, ce dessert est un allié santé !

Préparation : 15 min
Réfrigération : 5 h minimum

Pour 4 personnes

Pudding au chia
50 cl de lait d'amande
5 cuil. à soupe de graines chia
1 cuil. à soupe de sirop d'érable
1 pincée de vanille moulue

Smoothie crémeux au thé matcha
1 banane mûre
35 cl de lait d'amande
1,5 cuil. à café de poudre matcha
1 pincée de vanille moulue ou ½ cuil. à café d'essence de vanille
½ cuil. à soupe de sirop d'érable

Topping
fruits rouges et baies
pistaches

Pelez et coupez la banane en rondelles. Placez-les à plat dans un sac de congélation et laissez-les au congélateur pendant 5 heures minimum.

Dans un bol, versez tous les ingrédients du pudding de chia et mélangez énergiquement. Laissez reposer quelques minutes et remuez de nouveau pour éviter que les graines de chia restent au fond. Réservez au frais 30 minutes.

Dans un blender, mixez tous les ingrédients du smoothie jusqu'à l'obtention d'une crème lisse et onctueuse.

Dans des verres ou des petits ramequins, déposez le pudding de chia, puis versez le smoothie crémeux au thé matcha sur le dessus. Garnissez de petits fruits.

Astuce

Vous pouvez préparer le pudding au chia la veille pour le lendemain.

Carrotcake

Moelleux et crémeux à souhait, ce carrotcake est mon gâteau préféré, surtout à l'approche de l'automne. Les notes de cannelle ont ce pouvoir de rendre l'atmosphère ultra chaleureuse et cocooning...

Préparation : 30 min
Cuisson : 1 h 30
Réfrigération : 3 h

Pour 6 à 8 personnes

Carrotcake
250 g de carottes
50 g de noix
270 g de farine de blé
100 g de sucre blanc
50 g de sucre brun
11 g de levure chimique
2 cuil. à café de cannelle en poudre
½ cuil. à café de noix de muscade râpée
25 cl de lait de soja
1 cuil. à soupe d'extrait de vanille liquide
120 g d'huile de coco fondue
2 cuil. à soupe de vinaigre de riz ou de cidre

Glaçage
150 g de margarine (à 70 % de MG)
300 à 350 g de sucre glace tamisé
4 à 6 cuil. à soupe de lait de soja
1 cuil. à soupe d'extrait de vanille

Réservez la levure et 1 cuillerée à soupe de vinaigre sans les mélanger, il faudra les ajouter à la préparation au dernier moment, juste avant de verser la pâte dans les moules. Mélangez 1 cuillerée de vinaigre et le lait de soja dans un petit bol, laissez reposer le temps de préparer la suite, le mélange va épaissir.

Épluchez et râpez les carottes grossièrement, concassez les noix au couteau. Préchauffez le four à 150 °C (th. 5) en chaleur tournante. Mélangez tous les ingrédients secs (sauf la levure), préalablement tamisés dans un grand bol et tous les éléments liquides dans un autre bol (sauf le vinaigre). Incorporez petit à petit les ingrédients liquides en remuant bien pour éviter la formation de grumeaux. Intégrez ensuite les carottes et les noix, mélangez bien l'ensemble. Mélangez le vinaigre et la levure chimique et ajoutez ce mélange effervescent à la préparation, mélangez bien l'ensemble.

Versez la pâte dans un moule rond de 16 à 20 cm de diamètre chemisé de papier sulfurisé. Enfournez pour 1 heure 30. Laissez refroidir pendant minimum 1 heure avant de démouler. À l'aide d'un couteau, coupez le gâteau dans sa hauteur en deux moitiés égales.

Pour le glaçage, mélangez au batteur la margarine jusqu'à ce qu'elle ramollisse, puis ajoutez au fur et à mesure le sucre glace tamisé à forte vitesse. Versez le lait végétal et continuez à battre pendant 2 minutes pour obtenir une texture vraiment épaisse et qui se tient. Si nécessaire, rajoutez du sucre glace pour épaissir ou du lait de soja pour alléger le glaçage. Réservez au frais au moins 2 heures.

Transférez le glaçage dans une poche à douille et déposez-le en rosace sur toute la surface d'un gâteau. Posez le second gâteau dessus et décorez avec le glaçage et quelques noix concassées.

Gâteau moelleux au chocolat

Même une recette aussi traditionnelle que le gâteau au chocolat peut être véganisée ! Elle reste simple dans le choix des ingrédients et sa réalisation et donne un résultat moelleux et ultra gourmand.

Préparation : 10 min
Cuisson : 40 min

Pour 6 à 8 personnes
300 g de chocolat noir pâtissier
10 cl de lait de soja nature
40 cl de crème de coco (minimum 20 % de matière grasse)
1 cuil. à café d'extrait de vanille
50 g d'huile de coco
260 g de farine
80 g de sucre complet
1,5 cuil. à café de levure chimique
1 pincée de sel

Préchauffez votre four à 180 °C (th. 6) en chaleur tournante.

Dans une casserole, faites chauffer le lait de soja, la crème de coco et la vanille à feu moyen.

Dans un saladier, cassez le chocolat en petits carrés, ajoutez l'huile de coco et versez le mélange lait-crème chaud pour faire fondre le chocolat, tout en remuant.

Dans un autre saladier, mélangez la farine, le sucre, la levure et le sel, puis ajoutez le mélange humide petit à petit sans cesser de remuer.

Versez la pâte dans un moule à gâteau préalablement huilé.

Enfournez pour 30 à 40 minutes. Vérifiez la cuisson avec la pointe d'un couteau, qui doit ressortir sèche.

Astuce

Cette recette peut aussi être adaptée en version cupcakes, dans 6 à 8 mini-moules, avec une cuisson de seulement 20 minutes.

Cookies moelleux chocolat

Parce que les cookies, c'est la vie, je ne pouvais pas laisser ce livre sans une recette vegan de ces biscuits !

Préparation : 15 min
Cuisson : 13 min

Pour 15 cookies
200 g de farine + 50 g pour travailler la pâte
80 g de sucre blond
1 cuil. à café de levure chimique
1 pincée de sel (facultatif)
65 g de lait de soja sans sucre ajouté
45 g d'huile de coco ou de margarine (à plus de 70 % de MG)
90 g de chocolat noir pâtissier (ou pépites)

Préchauffez votre four à 200 °C (th. 6/7).

Tamisez la farine et mélangez les ingrédients secs : farine, sucre, levure et sel.

Ajoutez le lait végétal et l'huile et formez une boule de pâte à l'aide de vos mains. La texture doit être moelleuse et non collante. Si besoin, ajoutez de la farine ou du lait de soja.

Si vous n'utilisez pas de pépites, coupez le chocolat à l'aide d'un gros couteau de cuisine.

Intégrez le chocolat dans la pâte.

Sur une plaque de cuisson recouverte de papier sulfurisé, déposez de petits tas de pâte et aplatissez-les légèrement pour former les cookies, en laissant 2 cm d'espace environ entre chaque.

Enfournez pour 13 minutes jusqu'à ce que les cookies soient bien dorés.

Glace marbrée choco-framboise

Cette recette demande très peu de matériel, juste des moules à glace, et avec très peu d'ingrédients on obtient un résultat digne d'une œuvre d'art. Qui n'aurait pas envie d'y goûter ?

Préparation : 15 min
Congélation : 5 h

Pour 5-6 bâtonnets

Crème coco
40 cl de lait de coco
2 cuil. à soupe de sirop d'agave
1 cuil. à café d'extrait de vanille

1 poignée de framboises fraîches ou surgelées

Coulis chocolat
20 g de chocolat noir
1 cuil. à soupe d'huile de coco

Pour le coulis chocolat, faites fondre les ingrédients au bain-marie ou au four à micro-ondes pendant 1 minute. Mélangez et laissez refroidir.

Mélangez le lait de coco, le sirop d'agave et la vanille. Versez dans des moules à glace, aux deux tiers, ajoutez les framboises, puis le coulis chocolat.

Pour obtenir un effet marbré, mélangez délicatement avec un couteau en essayant de créer des lignes de couleur.

Mettez au congélateur pendant au moins 5 heures.

Frozen yogurt

Le frozen yogurt est super sain, à déguster en dessert ou au goûter les jours d'été.

Préparation : 5 min
Réfrigération : 5 h minimum

Pour 2 personnes

Parfum mangue
300 g de mangue surgelée
500 g de yaourt végétal
2 cuil. à soupe de sucre en poudre (facultatif)

Parfum framboise
300 g de framboises surgelées
500 g de yaourt végétal
3 cuil. à soupe de sucre en poudre

Pour chaque parfum, versez les fruits surgelés, le yaourt végétal et le sucre dans votre blender. Mixez par à-coups pour commencer, puis, lorsque les fruits sont suffisamment réduits, mixez à vitesse maximum pendant 1 minute, jusqu'à ce que la texture soit homogène.

Vous pouvez consommer les frozen yogurts immédiatement ou bien les transférer dans un bac ou une boîte hermétique et les conserver au frais pendant 1 heure, pas plus sinon la glace deviendrait trop dure !

Energy balls

Ces petites bouchées vegans sont sans gluten, riches en glucides et pauvres en lipides. Idéal en collation pour un vrai regain d'énergie !

Préparation : 5 min

Pour 5 energy balls

100 g de dattes medjool dénoyautées
20 g de flocons d'avoine
½ cuil. à café de cannelle en poudre
¼ de cuil. à café d'extrait de vanille
10 g de noix de coco râpée

Versez les dattes coupées, les flocons d'avoine et les épices dans la cuve de votre robot mixeur.

Mixez à pleine puissance. Vous devez obtenir une boule de pâte homogène, compacte et légèrement collante.

Versez la noix de coco râpée dans une assiette creuse. Divisez la pâte en 5 et formez 5 petites boules entre vos paumes.

Passez chaque petite boule dans la noix de coco pour totalement la recouvrir.

Vous pouvez déguster les energy balls immédiatement, ou bien les conserver pendant maximum 1 semaine au réfrigérateur.

Pommes & cranberries rôties

Il est toujours plus agréable de manger des fruits quand ils sont préparés et cuisinés. Un simple passage au four avec quelques épices douces et on obtient un dessert gourmand !

Préparation : 10 min
Cuisson : 30 min

Pour 4 personnes
6 pommes chanteclerc bio
100 g de cranberries fraîches (à défaut, de framboises surgelées)

Sauce sucrée
5 cuil. à soupe de margarine végétale
le jus d'½ citron
40 g de sucre brun, de coco ou complet
1 cuil. à soupe de sirop d'érable ou d'agave
1 cuil. à café de cannelle en poudre
¼ de cuil. à café de noix de muscade râpée

Préchauffez votre four à 180 °C (th. 6).

Coupez les pommes en tranches d'environ 0,5 cm d'épaisseur sans les éplucher.

Préparez la sauce dans un bol. Faites fondre la margarine et mélangez-la avec le jus de citron, le sucre, le sirop et les épices.

Disposez les fruits dans un grand plat à gratin et recouvrez-les de la sauce en nappant bien tous les fruits.

Enfournez pour 30 minutes en surveillant de temps en temps.

Vous pouvez servir avec une boule de glace coco et un peu de coulis chocolat (recette p. 244).

Challenge 21 jours vegan

Bienvenue dans le Challenge 21 jours vegan ! Avec ces menus, je vous propose de tenter l'aventure et de végétaliser vos assiettes pendant 3 semaines. Il s'agit avant tout d'un guide d'inspiration pour vos repas, les portions sont donc à adapter en fonction de votre dépense énergétique et de vos besoins nutritionnels. Ces menus sont totalement flexibles : les repas sont interchangeables d'un jour à l'autre. De plus, préparer des recettes différentes chaque jour demande beaucoup de temps, alors n'hésitez pas à vous adapter en faisant du *meal prep* : préparer de grandes quantités pour plus de praticité, quitte à manger la même chose plusieurs jours d'affilée.

Le matin

Il est important de réhydrater son corps. Optez pour une boisson chaude (thé, café, infusion, chicorée, rooibos...) ou tout simplement de l'eau, qui reste le plus efficace. En fonction de votre appétit, misez sur quelque chose de consistant, qui apporte de bons glucides, des fibres et des vitamines, comme les flocons d'avoine et les fruits.

Le midi

Pour ce challenge, j'ai privilégié les repas froids, riches en crudités : c'est beaucoup plus pratique à emporter pour sa pause déj', surtout si l'on n'a pas accès à un micro-ondes.

Le soir

On mise sur un repas chaud, réconfortant, riche en légumes pour éviter de trop charger l'estomac avant de dormir, mais suffisamment complet pour éviter les fringales nocturnes et permettre une bonne récupération.

L'assiette idéale

- ⅓ de légumes cuits ou de crudités
- ⅓ de féculents (pâtes complètes, riz, quinoa, semoule, pommes de terre...)
- ⅓ de protéines (seitan, tofu ou légumineuses)

Les légumes ont tout intérêt à être présents à chaque repas, mais on peut substituer un peu de féculents par des légumineuses, et inversement.

Si vous faites ce challenge, je serais ravie de vous suivre, alors n'hésitez pas à poster vos repas sur Instagram avec #Challenge21joursvegan et à me taguer @aliceesmeralda !

Bon courage et *have fun* !

(Vous n'en avez pas assez et voulez plus d'inspirations ? Je vous donne rendez-vous sur ma chaîne YouTube : Alice Esmeralda, où je partage en vidéo des « journées dans mon assiette » et des « semaines dans mon assiette » ainsi que toutes mes recettes.)

SEMAINE 1

	Lundi	*Mardi*	*Mercredi*
MATIN	Boisson chaude Porridge : flocons d'avoine, lait de soja, cannelle, beurre de cacahuètes, banane	Boisson chaude Porridge : flocons d'avoine, eau chaude, yaourt végétal, framboises, mangue, coco râpée	Boisson chaude **Porridge façon cheesecake à la fraise** (en fonction des fruits de saison)
MIDI	**Dahl de lentilles corail** Riz basmati 1 yaourt végétal du commerce, 1 compote ou 1 fruit	**Rouleaux de printemps, sauce coco, curry, cacahuète** 1 yaourt végétal du commerce, 1 compote ou 1 fruit	Wrap, galette complète : **houmous maison** ou du commerce, carottes, concombre, avocat 1 yaourt végétal du commerce, 1 compote ou 1 fruit
GOÛTER	Smoothie lait d'amande, mangue et myrtilles surgelées	**Granola maison** ou du commerce et lait végétal	**Frozen yogurt à la mangue**
SOIR	Pâtes complètes, sauce bolognaise végétale 1 yaourt végétal du commerce, 1 compote ou 1 fruit	**Soupe de maïs** 1 yaourt végétal du commerce, 1 compote ou 1 fruit	**Soupe de butternut** 1 yaourt végétal du commerce, 1 compote ou 1 fruit

Jeudi	Vendredi	Samedi	Dimanche
Boisson chaude Yaourt végétal, **granola maison** ou du commerce, fruits rouges	Boisson chaude Tartines de pain complet, margarine, confiture Kiwi	Boisson chaude Tartines de pain complet, beurre de cacahuètes, banane	Boisson chaude **Pancakes au sirop d'érable** Jus d'orange pressé
Taboulé aux pois chiches 1 yaourt végétal du commerce, 1 compote ou 1 fruit	**Burrito bowl** 1 yaourt végétal du commerce, 1 compote ou 1 fruit	**Makis**, sauce soja sucrée 1 yaourt végétal du commerce, 1 compote ou 1 fruit	**Burger de lentilles** Frites de patate douce Verrine de yaourt végétal au citron, spéculoos et framboises
Pomme Beurre d'amande	**Energy balls**	Chia pudding, (graines de chia, lait d'amande, fruits rouges)	Fruits au choix de saison
Salade composée & sauce coco, cacahuète, curry 1 yaourt végétal du commerce, 1 compote ou 1 fruit	**Houmous maison** ou du commerce, **raita**, bâtonnets de carotte, concombre, tomates cerise **Naan** ou pain complet 1 yaourt végétal du commerce, 1 compote ou 1 fruit	Pizza aux légumes et **faux-mage maison** ou du commerce 1 yaourt végétal du commerce, 1 compote ou 1 fruit	Quinoa Patate douce vapeur, sauce tahini, citron, sirop d'érable et persil 1 yaourt végétal du commerce, 1 compote ou 1 fruit

SEMAINE 2

	Lundi	*Mardi*	*Mercredi*
MATIN	**Porridge banane, chocolat, cacahuètes**	Boisson chaude Tartines de pain complet, beurre de cacahuètes, banane	Boisson chaude Yaourt végétal, **granola maison** ou du commerce, fruits rouges
MIDI	**Salade de lentilles à la grecque** Pain pita 1 yaourt végétal du commerce, 1 compote ou 1 fruit	Tofu poêlé, sauces soja et barbecue Purée de patate douce et crème de soja 1 yaourt végétal du commerce, 1 compote ou 1 fruit	**Buddha bowl** 1 yaourt végétal du commerce, 1 compote ou 1 fruit
GOÛTER	Tartine beurre de cacahuètes, confiture	Nicecream (bananes congelées mixées)	Smoothie orange, banane, ananas, pousses d'épinards maison ou du commerce
SOIR	**Patate douce surprise** 1 yaourt végétal du commerce, 1 compote ou 1 fruit	**Ramen** 1 yaourt végétal du commerce, 1 compote ou 1 fruit	**Nuggets vegan maison** ou du commerce Gnocchis sauce tomates, poudre végétale façon parmesan 1 yaourt végétal du commerce, 1 compote ou 1 fruit

Jeudi	*Vendredi*	*Samedi*	*Dimanche*
Boisson chaude Porridge : flocons d'avoine, lait de soja, cannelle, beurre de cacahuètes, banane	Boisson chaude **Smoothie bowl**	Boisson chaude **English breakfast : tofu brouillé, haricots blancs à la tomate, rösti** Kiwi	Boisson chaude **Crêpes vegan** Fruits frais Jus d'orange pressé
Sandwich de **faux-mage à tartiner**, tomates et aubergines grillées 1 yaourt végétal du commerce, 1 compote ou 1 fruit	Toast de pain complet à l'avocat Salade tomates, concombre, roquette 1 yaourt végétal du commerce, 1 compote ou 1 fruit	**Lasagnes à la bolognaise végétale** Salade verte **Mousse au chocolat**	**Hachis Parmentier** Salade verte Pommes au four
Boisson chaude Pomme Beurre d'amande	Pain chocolat noir	Pomme	Fruits au choix de saison
Soupe de légumes maison 1 yaourt végétal du commerce, 1 compote ou 1 fruit	Potatoes **Buffalo wings de chou-fleur** 1 yaourt végétal du commerce, 1 compote ou 1 fruit	Assiette composée : haricots verts, épis de maïs, pomme de terre au four, champignons sautés à l'ail 1 yaourt végétal du commerce, 1 compote ou 1 fruit	Riz complet Brocoli Tofu poêlé sauces soja et barbecue 1 yaourt végétal du commerce, 1 compote ou 1 fruit

SEMAINE 3

	Lundi	*Mardi*	*Mercredi*
MATIN	Boisson chaude Porridge : flocons d'avoine, eau chaude, yaourt végétal, framboises, mangue, coco râpée	Boisson chaude Yaourt végétal, **granola maison** ou du commerce, fruits rouges	Boisson chaude **Porridge façon carrotcake**
MIDI	**Chili sin carne** Riz 1 yaourt végétal du commerce, 1 compote ou 1 fruit	**Salade de lentilles à la grecque** Pain pita du commerce 1 yaourt végétal du commerce, 1 compote ou 1 fruit	**Seitan** mariné croustillant & facile Légumes à l'asiatique, nouilles soba 1 yaourt végétal du commerce, 1 compote ou 1 fruit
GOÛTER	**Frozen yogurt à la mangue**	Banane	**Energy balls**
SOIR	**Salade de quinoa à la mangue** 1 yaourt végétal du commerce, 1 compote ou 1 fruit	**Buffalo wings de chou-fleur** 1 yaourt végétal du commerce, 1 compote ou 1 fruit	**Velouté de patate douce & lentilles corail** 1 yaourt végétal du commerce, 1 compote ou 1 fruit

Jeudi	Vendredi	Samedi	Dimanche
Boisson chaude **Tofu brouillé**, tomates cerise, toasts	Boisson chaude Tartines de pain complet, margarine, confiture Kiwi	Boisson chaude **Smoothie bowl**	Boisson chaude **Gaufre aux pépites de chocolat** Jus d'orange pressé
Salade composée & sauce coco, cacahuète, curry 1 yaourt végétal du commerce, 1 compote ou 1 fruit	**Burrito bowl** 1 yaourt végétal du commerce, 1 compote ou 1 fruit	**Nuggets vegan maison** ou du commerce Gnocchis, sauce tomate, poudre végétale façon parmesan 1 yaourt végétal du commerce, 1 compote ou 1 fruit	**Tofu panda** Riz basmati Verrine de yaourt végétal au citron, spéculoos et framboises
Dattes medjool ou mazafati Fruits à coque	« Parfait » : couches successives de yaourt végétal, riz soufflé, fruits rouges	Fruits au choix de saison	Fruits au choix de saison
Curry de haricots blancs express Riz basmati 1 yaourt végétal du commerce, 1 compote ou 1 fruit	**Fajitas au fruit du jacquier** 1 yaourt végétal du commerce, 1 compote ou 1 fruit	**Quiche tofu, épinards & sésame** Salade de tomates et laitue 1 yaourt végétal du commerce, 1 compote ou 1 fruit	Ratatouille Pâtes complètes 1 yaourt végétal du commerce, 1 compote ou 1 fruit

Index des recettes

Sources et bibliographie

DOCUMENTAIRES ET FILMS

Pour aller plus loin et mieux comprendre les enjeux du véganisme, je vous recommande de regarder ces quelques documentaires, ce sont mes préférés sur le sujet ! Ils traitent chacun en profondeur différents aspects de cette cause : santé, environnement, éthique et bien-être animal.

Ils ont répondu à beaucoup de mes questions et m'ont offert un regard neuf sur le monde qui m'entoure, et sur les conséquences de mes choix de consommation.

- Environnement : *Cowspiracy* (Kip Andersen et Keegan Kuhn, 2014)
- Santé : *La Santé dans l'assiette* (Lee Fulkerson, 2011)
- Cause animale/éthique : *Earthlings* (Shaun Monson, 2005) ; *Blackfish* (Gabriela Cowperthwaite, 2013) ;
  Okja (Bong Joon-ho, 2017)

OUVRAGES ET ÉTUDES

L'Enquête Campbell. Les aliments qui tuent et ceux qui peuvent vous sauver la vie, T. Colin Campbell et Thomas M. Campbell, J'ai lu, 2004.

Antispéciste, Aymeric Caron, Don Quichotte, 2016.

SOURCES

En anglais

« Food, Nutrition, Physical Activity, and the Prevention of Cancer : A Global Perspective », World Cancer Research Fund/American Institute for Cancer Research, Washington DC : AICR, 2007.

« Q&A on the carcinogenicity of the consumption of red meat and processed meat », World Health Organization, 2015.

« Tackling Climate Change Through Livestock : A Global Assessment of Emissions And Mitigation Opportunities », rapport FAO, 2013.

Adebamowo *et al.*, « High School Dietary Intake and Acne », *Journal of the American Academy of Dermatology,* 2005 (sur l'association positive entre l'acnée et la consommation de lait, particulièrement de lait écrémé).

Aune D., Chan D.S.M., Vieira A.R., Rosenblatt D.A.N. et coll., « Red and processed meat intake and risk of colorectal adenomas : a systematic review and meta-analysis of epidemiological studies », *Cancer causes Control*, 2013 ; 24:611-627.

Bouvard V., Loomis D., Guyton K.Z. et coll., « Carcinogenicity of consumption of red and processed meat », *The Lancet Oncology*, 2015.

Chan D.S.M., Aune D. et Norat T., « Red meat intake and colorectal cancer risk : a summary of epidemiological studies », *Current Nutrition Reports*, 2013 ; 2:56-62.

Goodland R. et Anhang J., « Livestock and Climate Change », www.worldwatch.org.

Larsson SC, Wolk A., « Meat consumption and risk of colorectal cancer : a meta-analysis of prospective studies », *International Journal of Cancer*, 2006 ; 119 : 2657-64.

Pan A. et coll., « Changes in Red Meat Consumption and Subsequent Risk of Type 2 Diabetes Mellitus », www.jamanetwork.com.

Saneei P., Willet W. et Esmaillzadeh A., « Red and processed meat consumption and risk of glioma in adults : a systematic review and meta-analysis of observational studies », *Journal of Research* in *Medical* Sciences, 2015 ; 20:602-612.

Sinha R, Cross, AJ, et coll., « Meat Intake and mortality, a prospective study of over half a million people », *Archives of Internal Medicine*, 2009 ; 169(6):562-571.

Tharrey M., Mariotti A. et coll., « Patterns of plant and animal protein intake are strongly associated with cardiovascular mortality: the Adventist Health Study-2 cohort », www.academic.oup.com.

En français

« Pourquoi réduire votre consommation de viande rouge et éviter la viande transformée ? », Société canadienne du cancer, www.cancer.ca.

« Ruminants et réchauffement », rapport de l'Institut de l'élevage, février 2008.

« Viandes, produits laitiers, œufs : un arrière-goût de déforestation », rapport WWF, 2012.

Rapport du GIEC sur le changement climatique, l'alimentation et l'agriculture, mai 2015.

www.viande.info (un site de la L214).

Merci

Merci aux éditions First d'avoir cru en moi et en particulier à Iris, Laure et Christine qui m'ont guidée tout au long de ce projet avec patience et bienveillance.

Merci à Catherine, pour ses belles images d'ambiance et son énergie positive. Je n'aurais pas pu rêver mieux comme collaboration.

Un énorme merci à mes abonnés YouTube et Instagram qui me suivent au quotidien. Merci pour votre soutien inestimable et votre confiance, sans vous ce livre n'aurait jamais vu le jour, alors il est pour vous !

Et enfin je voudrais remercier Alex et ma famille qui m'ont encouragée, aidée et inspirée dans chaque étape de la réalisation de ce livre.